社会主义核心价值体系建设
"双百"出版工程

项 目

/100位

新中国成立以来感动中国人物/

谢延信

范 光/著

★

吉林文史出版社

《100位新中国成立以来感动中国人物》丛书

★★★★★

编 委 会

前 言

每个人的心中都多少有一点英雄情结，都向往英雄、景仰英雄。也正因此，在中华人民共和国建国六十周年之际，由中央十一部委联合组织开展的"100位为新中国成立作出突出贡献的英雄模范人物和100位新中国成立以来感动中国人物"的评选活动中，群众参与投票总数近一亿。这其中的每一张选票，都表达了人们对英雄模范的崇敬之情，寄托着对伟大祖国的美好祝福。

一个民族不能没有英雄，否则这个民族就不会强大。当国家危难之时，懦弱者选择了逃避、妥协甚至投降，英雄们却挺身而出，用热血捍卫民族的尊严，人民的幸福。在创立和建设新中国的伟大历程中，涌现出无数可歌可泣的英雄模范人物。他们之中，有为了民族独立和人民解放而英勇牺牲的革命先烈，有为了党和人民的事业而不懈奋斗的优秀共产党员，有在全民族抗战中顽强奋战、为国捐躯的爱国将士，有英勇杀敌的战斗英雄和革命群众，有积极从事进步活动的著名民主爱国人士和国际友人……他们是民族的脊梁、祖国的骄傲，是激励全体人民团结奋斗的精神力量。

《100位新中国成立以来感动中国人物》丛书，就像一部星光璀璨的英雄谱，真实、完整地记录了英雄模范人物不平凡的一生，再现了他们非凡的人格魅力和精神世界。舍身堵枪眼的黄继光，拼命也要拿下大油田的王进喜，中国原子弹之父邓稼先，新时期领导干部的楷模孔繁森……一串串闪光的名字，一个个动人的故事，犹如群星闪烁，光耀中华。

当今中国正处于伟大变革的时代，迫切需要涌现出一大批勇于承担历史使命、为祖国和人民奉献一切的先进人物。在"双百"人物崇高精神的引领下，在建设社会主义现代化国家的征程中，必将英雄辈出。

生平简介

　　谢延信是河南焦煤集团鑫珠春公司的一名普通矿工，他以33年大孝至爱的感人事迹赢得世人钦敬，成为感动中国的道德模范。

　　谢延信1952年出生于河南滑县半坡店乡车村，原名刘延信，1973年，他和同村女青年谢兰娥结婚。第二年，谢兰娥生下女儿后因产后风不幸去世，妻子临终前含泪将自己的父母和弟弟托付给谢延信。为了信守承诺，谢延信不顾别人的讥讽嘲笑，默默地承担起照料前妻父母和呆傻妻弟的责任。为使谢家老人放心，他毅然说服自己的家人，改姓为谢，并把5岁的女儿送回滑县老家寄养。

　　在之后的33年里，谢延信诚信守诺，大孝至爱，感人至深。他用自己的爱心、孝心和责任心全力照顾亡妻的三个亲人——瘫痪在床的父亲、丧失劳动能力的母亲、先天痴呆的弟弟。岳父瘫痪在床18年，他精心护理，端屎端尿，洗澡按摩，18年间老人没有得过一次褥疮；岳母患有肺气肿、胃溃疡，丧失了劳动能力，谢延信总是嘘寒问暖，无微不至；内弟先天呆傻，生活不能自理，谢延信帮他洗衣洗澡，甚至还要照顾他上厕所。为了省下钱来给两位老人看病，他四处打零工，经常挖野菜、捡菜叶，连水果都不舍得买。他以不放弃照顾前妻一家人为前提，多次拒绝组建新的家庭，直到丧妻10年后才与志同道合的谢粉香组成新的家庭。2003年，谢延信因脑出血落下了反应迟钝、行动不便的后遗症，为了信守承诺，延续孝道，他动员妻子谢粉香从老家搬到焦作共同照顾前妻一家。

　　谢延信敬老爱亲的事迹在神州大地广为流传，他先后荣获河南省敬老楷模特别奖、全国五一劳动奖章、河南省"十大道德楷模"、"寻找感动中国的矿工——十大杰出人物"、"中华孝亲爱老之星"。2007年9月18日，谢延信荣获"全国道德模范"，受到胡锦涛等中央领导同志的亲切接见。2008年2月17日被评为感动中国十大人物。

1952-

[XIEYANXIN]

◀ 谢延信

目 录 MULU

新时代的道德楷模（代序）

在华夏中原这块承载着五千年传统文明的大地上，谢延信的名字越来越响亮地回荡在人们的耳旁。大孝至爱，诚信守诺，历尽艰辛，演绎真情。谢延信用33年的时间，擦亮了一面能映照出中华民族千年美德的镜子，树立了新时期和谐社会的道德形象。一个平凡的矿工，无怨无悔地用自己的行动，诠释了孝道，重塑了真诚，让中华民族为之自豪。

也许有人会认为，谢延信没有惊天动地的壮举，没有令人惊叹的业绩，甚至在历尽坎坷的33年中，连一句豪言壮语都没有孕育出来，只不过用平凡的信念和坚强的毅力，托起了一个多灾多难的家庭。他平凡得像大海里的一滴水，普通得像原野上的一棵苗，怎么就能够成为我们学习的榜样呢？

我们应该到华夏五千年文明史中去寻找这个答案。父母慈、子女孝，老少共融，代际和谐，大爱无言，大孝无声，这些是祖先们对传统孝道的注解。在中华民族的文明史上，无论是古往今来在民间广为传诵的二十四孝故事，还是万千文人笔下至孝至爱的典范，爱与孝的理念总是在无声无息之中，滋润着数以万计的华夏子孙。正是这种真诚无私和奉献精神，一次又一次地丰满了我们这个民族的博大形象。我们推崇仁爱孝道，是因为它能使社会和谐，民风淳厚，政治稳定，经济繁荣，家齐才能平天下。在中华民族五千年的历史沿革中，哪个时代拥有了和谐社会，哪个时代便有了民族繁荣。

在当今这个充满了现代文明和时尚元素的社会里，国家和人民都需要我们在新形势下建立一个拥有全新理念的和谐社会。家庭和谐、社会稳定、人民安居乐业、经济稳定发展，这样的和谐社会需要科学的、文化的、观念的、秩序的共融，也同样需要人们真诚、仁爱、尊老爱幼、恪守孝道。胡锦涛总书记倡导我们建立和谐社会，这就需要我们去树立一个又一个新时代的楷模。谢延信用无声的行动，为我们树立了这样的榜样，同时树起的，还有一面映照时代道德水平的镜子。

谢延信，一位在滑县黄河故道上长大的中原汉子，一位在平凡工作中成长起来的煤矿工人，以其农民特有的质朴和矿工特有的仗义、坚韧，直面家庭不幸，用大爱无私的胸怀演绎了一段世间真情，用 33 年岁月风霜的洗礼，为中华民族树立起一座新的历史时期大孝至爱的道德丰碑……

黄河故道的情怀

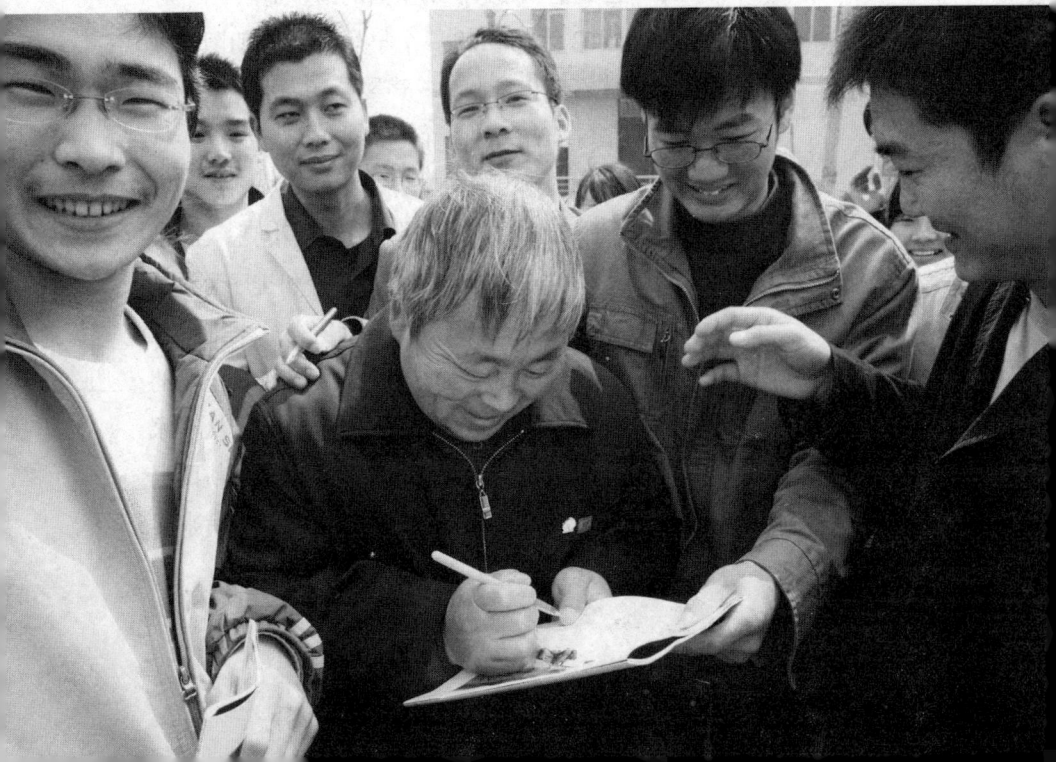

→ 童年的记忆

★★★★★

　　河南省滑县半坡店乡车村是豫东黄河故道上一个普通得不能再普通的小村庄。车村不大，房屋多半是参差不齐、斑驳脱落的土墙青瓦房。20 世纪 50 年代初，中原大地还处在一个经济落后、生活清贫的年代里，各家各户能有遮风避雨的房子住，就已经是一种安慰了，岁月的艰辛已经磨灭了人们对生活的诸多追求。

　　1952 年初秋的一个早晨，随着朝阳和炊烟相伴着冉冉升起，一声婴儿的啼哭，刘延信出生在村子中央的一个老旧的院落里。

　　也许是呱呱坠地时哭声太过响亮，刘家为这个刚出生的孩子取了个乳名叫小亮。当然，他的父亲也同时按照家里的辈分和排序为他取了正式的名字——刘延信。延信在家里排行老四，父亲刘华林，是一个普通但却善良坚韧的农民。刘华林也是在黄河故道长大的，从小家境极为贫寒，跟着父亲吃糠咽菜、放牛耕田艰难地长大成人，刘华林进了几天学堂，后来父亲实在没有能力供养他读书，便早早就回到家里，放羊喂牛、捡麦穗、割猪草、到河滩里割柳条编筐，小小年纪，什么苦累活都能干得下来，但他却没有忘了先生教给他的算术。长大后，光景稍微有一些好转的时候，他娶回了邻村的一个姑娘，也就是延信的母亲。延信妈和丈夫结婚后，先后为丈夫生下了四个男孩和两个闺女。这时候，农村实行了土改，刘华林因为掌握一些基本的数学知识，当上了生产队里的会计。刘华林心满意足，甚至怀揣一分感激，感激自己的妻子，也感激上苍的垂怜，能让刘家自己这一脉如此旺盛地传承着祖宗的香火。

刘华林自打孩子们渐渐长大后，便暗暗下决心，一定让孩子们进学堂，哪怕自己拼尽全力，也要让孩子多读几天书，成为一个多少有些文化的庄稼人。也正是因为这个原因，延信的大哥刘延良初中毕业后进了开封的一个机械厂当上了工人，二哥刘延秀虽然在村里务农，但也上到了初中毕业。三哥刘延胜是最有出息的，初中毕业后接替父亲当上了生产队的会计，这让刘家在村里的地位提高了不少。

刘延信 18 岁时初中毕业，完全是一个大小伙子了，虽然个子不高，但已有了浑身的力气。于是，他看看家里的情况，很自然地就没有再要求去念高中，而是像哥哥们一样，默默地回到家里，开始顶上一个全劳力了。他知道，能给家里多挣一个人的工分，就能减少父母不少的负担。

➡ 棉田里的梦想

★★★★☆

　　刘延信从小也是有梦想的。他的梦想就是像豫剧《朝阳沟》里的栓保那样钻研农业科学技术，成为一个热恋着家乡土地的农业科学家。为此，他把豫剧《朝阳沟》看了几十遍，以至于戏里面主人公栓保的唱段台词他全都熟记于胸，有人没人，信口唱来，一来借此励志，二来也可以借此放松和消遣。

　　还在学生时代，刘延信就常常跟着父母去地里干活。那时的延信虽然个子小，身体单薄，但干起活来有章有法，一看就是个肯动脑筋的孩子。有一次，父亲刘华林在地里给棉花间苗，延信在一旁观看片刻，竟然指出他留的苗儿太密了，长大会影响棉蕾开花，还讲了一些书本上的农业科技知识。这让刘华林对这个只有十几岁的小儿子有点刮目相看。很快地，他的努力换来了理想的回报，村里经过认真考察，让他当上了村里棉花专业队的技术员，手下带着十几号人，他们春天育种，夏天种棉，心血伴着汗水，每天忙碌在绿色的棉田里。为了编织自己的梦想，刘延信每天没早没晚地工作在无边无际的棉田中，憧憬着将来的某一天，自己就像《朝阳沟》里唱的那样，当一个农业科学家，成为令人羡慕的广阔天地里大有作为的好青年。

生活中的刘延信性格内敛，不善言辞，给人的初次印象往往显得有些木讷和懦弱。实际上，他勤奋努力又能够吃苦耐劳，像耕牛一样坚韧不拔。再加上在棉花专业队里的威信和棉花试验田里的成功，使得他在当时的车村也算是不大不小的名人了。人们提起刘延信，没有不竖大拇指的。一晃两年过去了，刘延信到了找对象的年龄，家庭的殷实和人品的出众让提亲的邻居们络绎不绝，但是，每一次家里人让他去见面时，他都会咬咬嘴唇轻声说：“我还小哩，等等再说吧。”

其实，延信虽然外表憨厚老实，他的内心世界是十分细腻的。在他的心里，对于未来的爱情，对于将要一辈子厮守的爱人，是有着自己独特的追求的。他不希望自己的爱人如花似玉、闭月羞花，也没有太多虚无缥缈的浪漫追求，他理想中的爱人一定要淳朴贤惠、忠诚守信，爱家庭爱丈夫爱老人，对自己的事业也要理解并且能够充分支持。

→ 遇到心上人

★★★★★

其实刘延信心中已经默默地喜欢上了一个人，这个人叫谢兰娥，是同村一个话语不多却爱悄悄注视着他的俊俏姑娘。刘延信经常在村口遇到她，无论天意还是巧合反正延信的心里总觉得这就是他期待已久的一种缘分。碍于羞怯，两个人虽然还没有说过几句话，但是双方的心里却早已装进了对方的音容笑貌，而且越是在夜深人静的时候，他心中的这个形象就越是清晰生动，常常闹得他彻夜失眠。按说，有了这样的想法，延信应该让父母托人去提亲的，但是，刘延信却犹豫再三，始终不敢对父母提起，因为他知道谢家的情况，那是一个十分特殊的家庭，是传统的农民们大都不愿接受的家庭。延信知道，自己的父母需要的是一个能够守候左右的贤惠儿媳，而谢家需要的，是一个能挑起重担的倒插门女婿。上门女婿对刘延信来说，倒还无所谓，关键是上门女婿在当时的农村里，是一件很没面子的事情，是找不到对象的农村青年才会勉强接受的无奈之举。延信知道，平时很在乎面子的父母是一定不会允许自己入赘到谢家的。

谢兰娥的家庭，真的有着无法言状的苦衷。兰娥的父亲谢兆玉是个煤矿工人，远在三百里外的焦作煤矿上班。她的母亲冯季花常年有病，哮喘、风湿、腰腿疼，几乎是常见的慢性病在她的身上都能找到驻守的地方，身体虚弱得连一天三顿饭都做不下来。更为要命的是谢兰娥还有一个先天痴呆的弟弟彦妞，弟弟傻得实实在在，不仅生活不能自理，甚至连吃饭上厕所都要人帮忙。假如一时没人照料，不是走丢了就是把厕所里的脏东西弄得满身满屋子都是。这样一个家庭全凭着勤劳肯干的女儿谢兰娥照料，如果女儿一旦出嫁了，那谢家全家的生活岂不是真的"无法自理"了？

善良而细心的延信明白这个道理，所以他有心到谢家做上门女婿。但是，在当时的那个年代里，这样的决定不是他一个人能够做出来的，他需要家人的理解和父母的支持。可是，说话办事极讲究面子的父母会理解他吗？他又有什么办法能够做通父母的思想工作呢？如果一旦闹僵了，自己岂不成了不孝之子了？左右为难的刘延信实在无法下定决心。

又过了一段时间，延信和兰娥的接触越来越多了，感情也越来越深。慢慢地，刘延信的顾虑也成了谢兰娥的心事。两个人常常是相对无言，都不知道如何来解开这个死结。后来，还是刘延信下定了破釜沉舟的决心，首先向父母公开了他和兰娥的恋情，并且真诚地央求父母同意他到谢家去做上门女婿，因为谢家需要他。

父亲刘华林半天没吱声，过了足足有一袋烟工夫，刘华林站起来，语气坚决地对儿子说："这件事没商量，在车村，刘家还不到说不成媳妇的地步，咱老刘家的长辈们丢不起这个人。"说完，起身出去了，根本就不给儿子任何辩解的余地。

刘延信碰了壁，只得含泪向谢兰娥诉说，两个人四目相对，再度垂泪，一个是非她不娶，一个是非他不嫁。这事真的成了一个解不开的死结了。最后，谢兰娥突然想出了一个办法，由兰娥写信让父亲谢兆玉回来，向父亲母亲公开自己和刘延信的关系，让父母同意她嫁到刘家，然后两个人两头跑照顾家人。

谢兆玉听了女儿的真情诉说，一时为难了，虽然他也很喜欢朴实真诚的谢延信，但是自己的家里太需要一个男人了。嫁出去的闺女泼出去的水，一旦女儿成亲到了婆家，再要求女儿像以前一样每天没日没夜地照顾娘家，似乎也有点过分，但是，本身就是这样的家庭情况，他要为家庭的未来着想啊。想了半天，谢兆玉还是没能同意。

谢兆玉虽然拒绝了女儿的请求，但是，这件事还是在他心里激起了不平静的涟漪。一连几天，女儿不断地央求他，再加上妻子冯季花也站在了女儿一边。谢兆玉终于让步了，同意了女儿和刘延信处对象，也同意了女儿兰娥嫁到刘家。

→ 新婚生活

★★★★☆

　　刘延信和谢兰娥要举行婚礼了，这一天整个村子都热闹起来。

　　那时的时尚，就是要借上十几辆自行车，组成一个迎亲的自行车队，走过街巷点燃鞭炮，同周围的乡亲们共享这难得的喜庆。

　　婚礼的头一天，刘家已经把借来的12辆自行车摆满了一院子，延信妈还用整块红布剪开，把每辆自行车的前把上都扎上一朵自制的红花，系上一根鲜红的飘带。

　　婚礼是由村里专门指派的红白理事会的人来主持的，还有几个人专门帮着在旁边喊着嚷着制造气氛，主持人嗓门大，平日里就爱逗乐子，说话总能恰如其分地穿插上各种有趣的笑话，把大伙儿逗得前仰后合，笑成一片。整场婚礼热闹非凡，欢声不断。

　　当时的农村娱乐活动比较少，所以村民们往往把结婚这种喜庆场合当成了难得的娱乐活动，所以，大家总是尽情地闹腾，开心地娱乐，只有这个时候，乡亲们才会一反常态，收起平常的羞怯和不好意思，放开嗓子喊叫唱和，谁也不会感到失态。

婚礼完了是婚宴，婚宴是整个婚礼的高潮，大家可以放开肚皮吃喝，挥舞着胳膊划拳，然后带着一脸的醉意和满足，软软地倒在桌凳上。这便是豫东平原的喝酒风俗。

洞房花烛之下，谢兰娥显得格外娇羞迷人。望着美丽多情的妻子，一股热流刹那间涌上了延信的胸腔，从今天起，一个崭新的人生即将开始，能与心爱的姑娘结婚对他来说，是多么幸福和满足啊。刘延信的眼睛湿润了，他深情地看着妻子谢兰娥，然后伸出双手，将新娘子紧紧地搂在了怀中……

婚后的延信和兰娥沉浸在幸福之中，虽然新婚之中的年轻人难免在晚上加班加点播种幸福，但是每天早上，兰娥总是早早起来，帮着婆婆烧火做饭，然后再去喂猪扫院，刘延信则心安理得慵懒地睡上一会儿回笼觉，直到兰娥进来叫醒他吃饭。

从孩子到成人，从单身到新婚，生活一下子幸福得让两个年轻人感到眩晕，他们不再为能不能在一起而烦恼担忧，也不再为无穷无尽的思念困扰，他们尽情地享受着人生的美好，沉浸在无限的憧憬之中。

只是没过多长时间，夏收季节就来到了，村子里热火朝天地忙碌起来，就连刘延信棉田的工作也暂时停了下来，专业队的人也一起加入到夏收的行列中来。

一望无际的豫东黄河故道，当年还没有收割机的影子。茫茫田野之上，翻滚的麦浪之中，晃动的都是挥汗如雨的劳动者的身影，农家汉子紫红色的脊梁上滚动的汗珠，在太阳下熠熠闪光。那时讲究的是人海战术，三夏大忙，抢收抢种的当口，除了老弱病残，几乎所有的人都到了田间参加劳动，麦田虽然不是自家的土地，但在政治挂帅、思想领先、集体主义思想大放光芒的政治体制下，集体是我家的理念已经深入到每个人的心里，所以，麦收季节，不用每天动员，每个人都是会拼命干活的。

延信和兰娥当然也不甘示弱。他们早已忘记自己新郎和新娘的身份，每天起早贪黑奋战在麦田里，割麦、装车，再拉回到打麦场上晾晒。几天下来，延信瘦了，兰娥黑了，但他们的心里依然荡漾着满足和幸福。

麦收之后，一切又回到了原先的状态，延信和他的棉花专业队又开始忙碌了。棉田里盛开着雪白的棉花，到了摘棉花的时节了，专业队的人手不够，刘延信就向大队申请，抽调了几十位手脚利索的姑娘媳妇到专业队里摘棉花，兰娥当然想和丈夫在一起，便在枕头边开了一次后门，让丈夫将她也抽调到专业队里帮助摘棉花。两个人日夜厮守，恨不得每分钟都待在一起。只是每天晚上，两个人忙完了地里的事情，总还要到兰娥家里，帮助洗涮收拾，这才能结束一天的辛劳。

延信看到这样跑来跑去太麻烦，和父母商量了一下，决定干脆搬到兰娥家去居住。兰娥感动之余，又觉得于心不忍，但是碍于自己家里的实际情况，还是接受了延信的建议，两个人很快搬回了谢家。

→ 美好的憧憬

★★★★★

老天眷顾有情人，日子似乎越来越美好了。

两个人还没有从婚姻的新鲜情绪中反应过来，兰娥就怀孕了，还出现了强烈的妊娠反应，几乎是吃啥吐啥，没几天，兰娥就被这份喜悦折磨得有气无力了。

知道情况后，延信的母亲着了急。本来，这一段时间延信和兰娥一直是住在谢家的，但是看到这个情况，延信妈既怕儿媳妇辛苦受累，又怕怀了孕的兰娥拖累了亲家，就跑去和冯季花商量："亲家，兰娥怀孕是大喜事，不过，小亮是个男人，没有照顾过孕妇，让兰娥他们还住回到那边吧，我这个当婆婆的，照顾兰娥有经验，等反应期过去后，我再把闺女给你送回来住。"

冯季花听了，觉得亲家母说得有理，自己身体不好，也不能很好地照顾女儿，延信虽然心疼媳妇，但总归是男人，有些笨手笨脚，于是，就同意他们搬回了婆家居住。

延信妈还亲自去找队长，不让儿媳妇再去地里干活儿了，而且家里的大小事儿也不让兰娥插手。兰娥有些不好意思，觉得婆婆有点小题大做。延信妈不但不恼，反而高兴地嗔着脸教训她："兰娥啊，趁着我身板还硬朗，多为你们干点活儿，等到有一天我老了，你们再来照顾我，到那个时候，你们不想干都不中哩。"

　　于是，兰娥只好顺从地在婆婆的精心照料下小心翼翼地呵护着自己的身体。

　　幸福的感觉就是这样平凡而又充满真情，几个月的时间转眼已过，兰娥就快要生了。

　　这期间，延信也请来了村医疗所负责接生的二嫂来家看过几次，二嫂总是笑呵呵地告诉他们，一切正常，等着添人进口吧，于是，全家人都在喜滋滋地等着刘家小儿子的第一个孩子出生。

　　在家里休息的时候，兰娥也曾试着想做几件婴儿衣服，不想被婆婆看见了，婆婆止住了她："兰娥，这些事你就别忙活了，我比你经验多，早就替你准备好了，你只要安安心心养好身体，把孩子顺顺利利生下来就行。"

　　几句温存体贴的话，说得兰娥心中热乎乎的。她不好意思地说："妈，您老让我这样闲着，我心里怪不忍的。"

　　"瞧你这闺女，现在咱不是有这条件吗，好好地歇着啊。"延信妈疼爱地劝着媳妇。

　　到了晚上，延信和兰娥最爱做的事情就是相

拥着靠在床头上憧憬未来。他们讨论的既有明年的棉田能亩产多少斤，也有条件好了是不是给父母翻盖一下老房子。当然，他们讨论最多的还是眼下就要到来的孩子是男孩还是女孩的问题。每每到了这个时候，延信总是轻轻地抚摸着兰娥隆起的腹部，悄悄地说："兰娥，我们要是能生个女孩多好，我觉得女孩子最能孝顺父母了。"

兰娥总是脸一红，轻轻拍了一下延信的手，说道："我还是希望生个男孩子，有了儿子，你爸爸妈妈一定会很高兴的。"

延信就再接着说："我们家已经不缺男孩儿了，哥哥们都有儿子了，不差你再生出一个来。"

兰娥便慢慢地靠在延信的胸膛上，低低地说："哥哥家是哥哥家的，我还想再生出一个儿子，就叫小刘延信。"

延信紧搂了一下妻子说："要不，让这个孩子姓谢吧？跟你们谢家的姓。"

兰娥一怔，随即明白了延信的用心，赶紧摇摇头："不，孩子就姓刘，因为她是你刘延信的孩子。"

延信看兰娥这样坚决，也不愿再拂她的好意，就随和地应道："不管孩子姓刘还是姓谢，都是我们俩最亲爱的宝贝，这行了吧。"

兰娥感动地依偎在延信的身上，眼眶慢慢湿润了。过了一会儿，两个人又坐起来，在床上唠着闲话，畅想着孩子朦朦胧胧的未来，讨论孩子吃奶，讨论孩子学走路、学说话，讨论孩子上小学、上中学，讨论怎样培养教育孩子，二人说得津津有味，仿佛那个孩子已经站在了他们的面前。他们在满怀希望地期待着孩子降生的那一天。

→ 爱情结晶

★★★★★

延信的妈妈在厨房擀面叶。

她有一手擀面叶的绝技，能把一块红枣一样大小的面团擀得像白纸一样薄，比锅盖还要大，这本来是艰苦的生活环境中女人们为了节约面粉调剂生活练出来的绝妙本领，但在生活好转之后，反而成为农村里慰劳有功的家庭成员的一道特殊的美味小吃。

面片擀好后，延信妈在纸一样薄的面片中间轻轻划上几刀，两手轻轻地掂起这片"纸"下到滚开的铁锅里，然后用一张桐木做成的锅盖子盖住那一锅的热气，等到再揭开锅盖的时候，便看不到刚才下进去的那张面叶了，原来，那整张面叶竟服服帖帖地全部粘在了锅盖上面。延信妈飞快地在灰白色的粗瓷碗里放好作料和葱花，用筷子轻轻地在锅盖上一拨，整张面叶便准确无误地掉进了碗里，初看时，碗里似乎还是一整张没有散开的面叶，延信妈用汤勺在锅里舀上满满两勺开水，一下又一下地浇在碗里的面叶上，于是，面叶散开，一根根整齐透明薄如蝉翼的面片即刻呈现在眼前。

延信小的时候，就爱吃母亲做的这种酸汤面叶，跟兰娥没有结婚的时候，有一次邀兰娥来家吃饭，延信便让母亲给兰娥做这种面叶吃，没想到兰娥也一下子就喜欢上了。怀孕的这段日子，兰娥更是天天都想吃婆婆做的酸汤面叶，有时候连自己都有些不好意思了。延信妈宽慰她："又不是咱吃不起的饭，闺女，你喜欢吃，我高兴还来不及呢。"

下午，天还没黑，婆婆又把面叶给兰娥送来了。延信不在，兰娥刚刚把晾晒的旧衣物收拾起来，正躺在床上歇息，看见婆婆走进来，连忙要起身，婆婆伸手按住了她。她先把面叶放在一边的桌上，又帮着兰娥稳稳地斜靠在床头，然后拿来一条厚厚的毛巾垫在兰娥手上，这才把面叶递到兰娥手上，婆婆一边看着兰娥乐滋滋地吃着热乎乎的面叶，喝着酸汤，一边和兰娥拉扯着一些家常。

就这样聊着吃着，兰娥的一碗面叶也已经吃完了，婆婆接过饭碗，又叮嘱了几句，出门走了。兰娥靠在床头上，闭上眼睛，一脸的幸福与满足。

肚子里的孩子又在蠢蠢欲动了。不过这一次好像动作挺大的，翻来覆去，又蹬又踹的，兰娥的肚子开始剧烈地疼痛起来，忍不住叫喊起来。

刚刚走到门外的延信妈听到兰娥异样的叫喊声，立刻折身加快脚步返回屋里，毕竟是生过几个孩子的过来人，延信妈进屋一看，就觉得事情有些不对，一边安慰着兰娥，一边喊来邻居，让人赶紧去地里叫延信回家。

延信还没回来，兰娥这边已经破了水，浸得床上都湿了，延信妈一看，不能再等了，就又出去找邻居，央人赶紧去找村里接生的二嫂。

等延信和一帮人赶回来的时候，二嫂已经先到了，延信问她要不要送到乡里的卫生院，二嫂说来不及了，不光是破了水，宫缩已经很紧了，看来只能在家里生了。

二嫂打开了随身带来的白布包裹，那里面有剪刀、产钳，还有简单的催生素等药品。

所有器械是在刘家的大锅里消毒的，延信妈烧火，延信爹加水，延信的几个哥哥在院子里坐着待命，而延信的几个嫂子，则跑进跑出地传递东西。

延信原本是想守在兰娥身边的，可拉掉兰娥裤子的时候，二嫂就把延信赶出了屋子，毕竟那个时代，农村里还是比较封建的，即便是自己的丈夫，也不能在大庭广众之下，看到光着下身的妻子。

兰娥已疼得脑子里一片空白。她原本紧紧拉着延信的手，可不知谁的手那么有劲，一下就把她掰开了。延信只好带着对妻子的牵挂和疼爱守在屋子外面。

屋子里，二嫂正竭尽全力帮助兰娥生产，延信妈给儿媳擦着汗，延信的几个嫂子则轮流帮助按压兰娥的肚子。

在二嫂和延信的两位嫂子帮助下，兰娥终于用尽最后一点力气，将孩子挤出了身体，可就在这一瞬间，兰娥的下身撕裂，开始大出血。

二嫂手快，一手卡住孩子的脖子，一手护头，飞快地将孩子拽了出来，几乎就在这一瞬间，兰娥下身的血喷溅了二嫂一身。在场的所有人都惊呆了，好在二嫂经历的太多了，她一把抓起包着器械的白布，迅速抖掉了上边的东西，两手使劲一揉，便塞进了兰娥的下身。

大概是因为兰娥的身体强壮，血终于止住了，可匆忙中塞到兰娥下体中的那两件未消毒的东西，却为一个月后的兰娥，埋下了致命的隐患。

母子安康的喜悦，让刘家沉浸在欢乐之中。延信妈一个劲儿地夸二嫂手疾眼快，说要不是她那么利索，儿媳妇说不定就没命了。除了一串串感

△ 谢延信和岳母冯季花

谢的话语外，延信妈还给二嫂封了个 10 元钱的大红包。

兰娥醒过来的时候，婆婆、延信都守在她的床头，等她明白了刚刚发生过的一切时，第一个反应，就是要看一看刚刚包裹好的婴儿。

延信抱过来孩子，凑在她耳边告诉他："这一个是给我生的，是一个女儿。"

兰娥怔了一下，但还是抿嘴笑了，她吃力地接过孩子，轻轻地放在自己臂弯里，然后侧过头来，目不转睛地看着孩子自语道："宝贝，你可真不省心，赖着不愿出来，差点要了妈的命。"说完，又甜甜地笑了。

小生命的到来给延信家带来的快乐是不言而喻的。全家人都在为延信和兰娥高兴。三哥给兰娥寻来了一篮子鸡蛋。又专门跑到道口镇找了个熟人，买了两只道口烧鸡送过来，说卤好的鸡放得久，可以每天撕几块熬汤吃肉，是月子里的大补。

产后的日子就在这种和谐温馨的气氛中度过了十多天。眼看着兰娥的气色渐好，孩子的小脸也红润肥胖起来。这天晚上，延信和兰娥开始讨论起孩子的名字来。

兰娥让延信给孩子起名字。延信就以女孩子随妈妈为理由，让兰娥给孩子起名字。两个人推让了半天，延信才想起了一个名字："那就叫变英吧，我小时候就喜欢女孩子叫英，至于变吗，我还是希望咱的第二个孩子能变一下性别，变出个男孩儿来，也让你们家人更高兴一点。"

兰娥没想到延信的心思这么缜密，于是，往延信身边靠了靠说道："好的，一切都听你的。"

延信有点感动地望着兰娥，他感到了由衷的喜悦和幸福。

天降横祸

→ 风雨之夜

★★★★★

　　小变英很快就该满月了，延信每天看着妻子女儿总是笑得合不拢嘴，初为人父的喜悦有时候让他高兴得不知所措。延信的父母已经在谋划着请街坊邻居吃满月酒了，刘家的老老少少都显得十分开心。

　　这些天，兰娥时常感到腹部和下身有些隐隐的疼痛，今天似乎又加重了。没人的时候，兰娥自己偷偷查看，发现自己的下身红肿，还微微有些化脓。晚上，她告诉了延信。延信听了也有些担忧，他想请二嫂来家里看看，被兰娥拒绝了，兰娥说："可别大惊小怪的，我勤洗洗就行了，再说了，二嫂是管接生的，又不是医生，她哪会管这呢。"

　　延信还是不放心："那就让大队医疗所的杜医生来看看。"

　　兰娥瞪了他一眼："去去去，亏你想得出来，女人这地方能让男人随便看吗？"

　　延信还不甘心："人家是医生，是来看病

的……你还真封建。"

兰娥忍不住想笑："封建也是为你封建的！"

看看延信不说话了，兰娥赶紧又说道："也别大惊小怪了，又不是啥大毛病，过些日子可能就好了，没事儿，咱们睡吧，明天你还得起早呢。"

两个人把孩子小心翼翼地放在中间，相视一笑，然后吹灭了油灯，睡下了。

半夜，延信被兰娥轻轻推醒了，黑暗中，兰娥有些无力地说："延信，我怎么浑身又冷又热的，你再取床被子来给我盖上吧？"

延信赶紧划了根火柴，点上灯起来，跳下床，从箱子里取出被子给兰娥盖上，然后关切地问："兰娥，要是不舒服，咱就立刻到医院去，可千万别忍着啊。"

兰娥浑身发抖，牙齿有些咯咯响："别那么大惊小怪的，大半夜的，你去惊动谁呀。接着睡吧。"

好不容易挨到了天色微亮，延信又摸了摸兰娥发烫的脑门，立刻去叫醒了妈，叫她来陪着兰娥，自己赶紧到卫生所叫醒了杜医生，一边往回走着，一边给杜医生说了说兰娥身上伤口的情况。

杜医生说："按你说的情况，应该是伤口感染了，一般说来，女人下身的情况，乡农村医生不便检查，都是乡亲，熟头熟脸的，看人家女人那个地方，以后抬头不见低头见，尴尬着哩。咱就按伤口感染先给兰娥打一针，然后再吃点药，试试看，要是不见效，你们就赶紧往乡里县里送吧。"

延信点头答应着，已经到了家门口。

看到杜医生进门，烧了一夜的兰娥几乎连打招呼的力气都没有了，但她强撑着身子，跟杜医生打了招呼。杜医生摸了摸兰娥的额头，又用听诊器听了听心脏，进一步肯定说：

"是感染了，打针吧。"

于是，延信妈端来一碗开水烫了烫盒子里的玻璃针管，杜医生从药箱里拿出针剂，敲开，用针管抽了，给兰娥打了一针庆大霉素，还打了一支能够迅速退烧的氨基比林。

打完针后，杜医生又留下了土霉素、维生素等几样药片，交代好服用方法，便背着药箱离开了。

果然，等到下午，兰娥的病就轻了些，发烧也不严重了。

延信总算舒了口气，想着妻子并无大碍，就又到地里干活去了。谁知到了晚上，兰娥的病却又有些加重，天亮叫来杜医生再打一针，便又稳定下来，连着三天都是如此。刘家人便有些着急，征求杜医生的意见时，杜医生说："打针不是挺有效的吗？这一针下去，就能管用一天呢，兰娥刚生完孩子不久，身体虚弱，咋也得十天八天的治疗，你们放心吧，十天后准给你们治好。"

就是这一句话，铸成了兰娥生命中的第二个大错，而且是以付出生命为代价的错误。

在临床治疗上，最忌讳的是不明原因时的退烧和对症治疗。此刻的兰娥，就正在被一种无知悄悄地掠夺着生命中最后的这一个冬天。

等到第五天的时候，兰娥开始觉得浑身疼痛，而且不能见到任何亮光，冷热发作的间隔也越来越短了，有时甚至十几分钟就会发作一阵。兰娥最受不了的就是身体时热时冷，热起来大汗淋漓，就像被人扣到了密闭的蒸笼里边。冷的时候，又像掉进了冰窟之中，身上的两层厚被子，也带不来一丝丝暖意。还有周身的疼痛也在折磨着兰娥，让她几乎都不敢翻动身体。

但善良坚强的兰娥怕延信过于担心自己，在延信面前总是拼命强忍着，努力做出一副身体已经好转见轻的样子。每次延信问起，她总是面带微笑地说："感觉好多了，你放心，过几天就没事儿了。"

这天早晨，兰娥再也控制不住自己的病痛，她已经有些意识模糊了，身体不由得抽搐起来。延信大吃一惊，飞快地跑去把杜医生找了过来。杜医生看到这种情况，一下子也慌了手脚，守在床边的延信妈心里也开始惊恐和颤抖起来，嘴上脱口说道："兰娥这孩子，该不是得了产后风吧？"

延信一听到这个可怕的病名，身子就不由得打起了冷战。产后风这个可怕的病魔，夺去了多少产妇的生命啊，村里人们都知道，谁一旦得上这种病，那就是神仙来了也救不了了啊。

农村所谓的产后风用今天的医学知识来阐述，就是破伤风引起的败血症。主要是不洁物品污染较深的伤口，又没有得到及时处理造成的。破伤风的治疗别说上世纪的 70 年代，即使在现代医学高度发达的今天，依然没有特效的办法，是一种死亡率极高的疾病。

这种不幸似乎真的降临到了兰娥的身上，就在杜医生继续检查的时候，她开始一阵紧似一阵地抽搐，伴随着的，还有一声声痛苦的呻吟，因为病菌已经深入到她身体的每一个角落，她再也无法凭意志去抵抗这种彻骨穿心的疼痛了。

孩子在哭喊声中，被延信的嫂子抱走了，几乎摇摇欲倒的延信妈也被家人搀扶到别的房间里。

延信满脸是泪，双手剧烈地哆嗦着给兰娥穿上更厚一点的衣服，刘家兄弟则用最快的速度绑了一张小床，铺上被褥，然后在村里找了十几个精壮的男人，大家小心翼翼地把兰娥放在床上，盖上被子，一路轮流着，把谢兰娥抬到了半坡店公社卫生院。

命运的劫难

★★★★★

　　乡医院值班医生们没有多说什么，立即投入紧张的抢救中，只留下刘延信一家人在抢救室外的走廊里焦灼地等待。

　　两个小时后，刘延信被叫到了医生办公室。医生告诉他，病人得的是产后风，以现在的医疗技术，已经没有治愈的希望了。

　　延信的脑袋轰地一声，就像电闪雷鸣一般地震惊和恐惧。他呆了足足有一分多钟，然后扑通一声就给医生跪下了："不! 医生，她不会死，她不能死呀，求求你救救她吧，她还这么年轻，孩子还没满月呢!"

　　医生充满同情地看着这个朴实的农家汉子，默默地低下了头。作为医生，他已经见惯了人间的生生死死，但每一次，他都会比普通人更近地领略到一种无可言状的痛苦，面对已经病入膏肓，再也无法医治的病人，他也只能咬住嘴唇，无奈地看着一个生命慢慢消逝。

　　延信的魂魄似乎轻飘飘地腾挪出了身体，

他已经没有了存在的知觉，呆呆地坐在地上，一动也不动。

他的哥哥走进来，连架带拉地把他扶起来，走出医生办公室，把他扶到走廊上的一条长椅上。

延信精神恍惚，嘴里不停地重复着："不！兰娥，你不会离开我的，你一定会好起来的！"

病房里，用过镇静剂的兰娥安静地躺着，延信慢慢走进来，轻轻地拉过她的手，泪如泉涌。他想不通，老天为什么这样对待兰娥，这样对待刚出生的孩子，这样残酷地想要摧毁着这个刚刚建立起来的幸福的小家庭。

他拉着兰娥的手，一刻也舍不得放开，似乎他一松手，兰娥就会马上离他而去，而此时，兰娥的手虽然有些潮湿，却是温暖的，柔软的，真实的，饱含着无限的真情。

一个小时又一个小时过去了，延信听不进任何人的劝说，只是一动不动地守在床前，看着兰娥，回忆着和兰娥在一起的每一天每一时，每一句温存的话语，每一个亲密的瞬间。

冯季花是跌跌撞撞来到医院的，等到摸进女儿的病房，看到静静躺着的兰娥时，她突然有了一种奇怪的感觉：女儿这不是挺好的吗？

兰娥醒了。她似乎觉得身体略微有些轻松，看到母亲来了，她先是有些惊讶，接着便支走了延信，拉着母亲冯季花的手坐在床边："妈，您都知道了？"

冯季花点点头。

兰娥的眼中有一种柔情："妈，我想回家，马上回家。"

冯季花忧心忡忡地看着女儿："妞，你的病还没治好呢，不敢着急。"

兰娥脸上浮现出一抹虚弱的微笑："妈，我想家，想变英，想爹，想彦妞，想家里所有的人，我想跟家里人待在一起。"

冯季花轻轻地把女儿揽在怀里："那也得先把病治好啊。"

兰娥用手搂住了妈妈，小声说："妈，我知道自己的病，我知道这病的轻重。"

冯季花身体一震，惊异地看着女儿，连忙说："妞，你可别胡想，你的病没啥，很快就好了。"

兰娥慢慢摇了摇头："这些日子，我能感觉得到自己身上的变化，咱村里也不是没人得过这种病，我已经猜到了。"

冯季花鼻子一酸，泪水终于克制不住地流了下来，她紧紧地抱住女儿，声音哽咽着低泣："兰娥，我苦命的闺女呀……"

兰娥的眼泪也顺着脸庞漫流下来，她抬手擦去母亲脸上的泪水，安慰说："妈，别这样，你身体不好，你听我说。"

见母亲一双泪眼望着自己，兰娥的心揪得紧紧的，尽量平静地说："妈，你想想，与其在医院里这样白白耗着，还不如让我回家去，和家里人在一起，我还能时时看见孩子，看见想看的人，我就剩下不多的时间了，您就让我多看看亲人吧! 这样，我心里会感觉好受一些。"

冯季花看着如此坚强冷静的女儿，不由得认同地点点头。她吸了一下鼻子，收住了眼泪："好，妈听你的，带你回家去! "

兰娥像个满足了心愿的孩子似的，对着母亲露出了一个甜甜的笑容。

延信回到病房后，冯季花叫住他："亮，你去安排一下，找个车，把兰娥接回家吧。"

延信一愣，立刻说："妈，这咋行? 她还得在医院看病呢。"

冯季花声音有些沙哑地说："这是兰娥的意思，我也赞同了。"

延信的眼圈立刻又红了，他看看岳母，又看看兰娥："不，不行，我不同意，医院里各方面条件都好，医生也多，回到村里，兰娥就没救了。"

兰娥的眼角滑落了一串滚烫的泪珠，她的嘴巴动了动，低声说："延信，我要是再躺下去，怕是连家都回不去了啊，就让我再看一看我们的家，看一看亲人们吧！"

延信惊呆了，他看着妻子，从妻子的目光中，他明白兰娥已经知道了一切。他终于失控般地把头埋在兰娥的床边，抑制不住抽泣起来。

一边的冯季花几经克制，也忍不住捂着嘴抽抽噎噎地小声哭泣起来。

➡ 生命的回音

★★★★★

一辆平板车颠簸在铺满黄沙的土路上，向着车村的方向移动着。

路边，秋风已起，早衰的黄叶，已经在风中舞动着凋零的身影，然后极不情愿地飘落在黄土地上。

兰娥被大家抬回到屋里，轻轻地放在铺了好几层褥子的大床上，她一直处在浅昏迷状态，血液中的有生力量，都被动员起来参加了和细菌兵团的一次又一次的战争，而燃烧的战火，便成了她高烧不退的根源。医生给延信详细地写了一个用药时间和方法的单子，交代延信严格按照上面写的办法让兰娥服药。

在这些药物的支撑下，兰娥有时也能清醒上一两个小时，这时她就忍着浑身的疼痛，在延信的陪伴下，和尚不懂事的变英不停地说着话，她说，她一直不停地说，尽管有些话已经颠三倒四，但她一点也不愿意停下来。因为她有许许多多的话要对女儿讲啊，即使女儿听不懂，但母女的心是相通的，等她将来长大了，也许就能感知到母亲曾经寄托在她身上的无限爱和相思。

兰娥又一次清醒过来了，她突然有些兴奋起来，状态也好了许多。她让延信找出自己曾经穿过的一件半新的毛衣，然后靠在延信的身上，缓缓地，一下一下捯着拆了，缠成了毛线团，然后找出毛衣针，开始亲手给变英织一条小小的围巾。

她几乎是挣扎着在干，在用残存的游丝般的生命在编织。延信不忍看下去，就劝她歇一歇，兰娥不肯，她自言自语地说："亮哥，我就要永远休息了，仅有的这一点时间，我怎么舍得浪费呢，我要给变英，留下一点念想……好让她记住，记住她的娘……"

兰娥的爸爸谢兆玉，已经接到电报从焦作赶了回来。

前几次回家，都是在办女儿的喜事，没想到，这次却是为了这样一个晴天霹雳般的消息。这个刚强的挖煤汉子，看到几乎处于昏迷中的女儿后，忍不住泪水横流，和老伴哭在了一起。良久，才定下神来，不得不面对眼前的许多问题。

刘家已经将自家院子里的两个粗壮的泡桐树锯了下来，请了工匠，拉到队里的一处空院落打制棺材了。

一生的承诺

★★★★★

入夜，兰娥慢慢地苏醒过来，她睁开眼睛，看到延信正满脸泪痕地守在身边，两眼直直地望着她。

兰娥的嘴角露出了一丝微笑，她吃力地抬起手，想去帮延信擦泪，被延信紧紧地握住了："兰娥，你醒了? 有没有哪儿不舒服? 想吃点什么不想? 我去给你煮碗面吧? "

兰娥很轻地用手制止了延信："扶我坐起来。"

延信忙把边上的一个被子卷成一团，抱住兰娥，垫在了兰娥的身后。

兰娥坐起来后，头晕得抬不起来，她只好闭上了眼睛，胸脯起伏着大喘了几口气，然后定定神，才又睁开眼睛来。

她轻轻地依偎在延信的怀里，语气很低地问："延信，和我结婚，你觉得后悔吗? "

延信哽咽着："不! 不后悔! 兰娥，你是个好女人，你给了我很多很多的幸福。"

兰娥也随着慢慢说："你也是，你也给了我很多的幸福，嫁给你，我觉得自己很快乐。"

"可我对不起你，兰娥，我没有照顾好你，让你生了这么大的病！"

"不，这怎么能怪你呢，你对我好，对我爸妈好，对彦妞也好，我心里都记得哩。"

"兰娥，你别说太多话，身上疼不疼？疼的话，我扶你躺下来吧？"

"别，延信，让我再跟你多说一会儿话吧，我想说呢。"

"那、那你说，我听着啊。"

兰娥的眼睛在幽暗里看着前方，她有些忧郁地开了口："我知道，我怕是很快就不行了。但是……"

"不，你别这么说，我不让你这么说！"延信打断了她。

兰娥停了一下，接着开了口："延信，你让我把话说完，不然，憋在心里，带走了，我心里会难受的。"

延信沉默了。

兰娥叹了一声："我已经想明白了，虽然，我不想离开你，离开变英，不想离开这个世界，但是，老天爷他……他不肯放过我啊。我要是走了，你千万别太难过，一定要好好活着，把孩子抚养长大，等将来有一天，告诉她，她的母亲，很爱她！"

延信已经开始低声抽泣，他重重地点着头，答应着妻子的要求。

兰娥的眼泪也顺着脸庞流下来，滴落在延信的手背上："我如果走了，最不放心的，就是我那个家了。"

她顿了顿："妈妈身体不好，弟弟离不开人照顾，爸爸又一直在外工作，我要是走了，他们可怎么办呀！"

延信忙用手擦着兰娥的眼泪，劝慰说："兰娥，有我呢，还有我呢，我会照顾他们，我不会让他们吃苦的！"

兰娥的眼睛亮了一下，随即又暗淡了下去："延信，我知道你是个好人，但这不是十天半个月的事情，是十年二十年，是一辈子的事情啊！放在谁身上，都难以承担啊！"

延信扶着妻子的肩膀，看着她，郑重地说："兰娥，你忘了，最初我是同意做你们家的上门女婿的，我是要顶儿用呢！兰娥，我不会说大话，但是，我说过的话，我一定会要做到的。"

兰娥有些惊喜，咳嗽了几声，喘了几口气，接着问道："你愿意做我爸妈的儿子？你愿意照顾他们？还有彦妞？"

延信认真地对兰娥点点头："当然愿意！我跟你结婚，就是他们的女婿，我们就是一家人了，一家人当然要照顾一家人的！"

兰娥不禁抱紧了延信："你真的能照顾我爸妈到老？"

延信郑重地点点头："能！一定能！"

兰娥还是不放心："说出的话，可是要算数的。"

延信紧紧地抱住妻子，伏在她的耳边："放心，兰娥，我用我的一生来承诺！"

兰娥轻轻地闭上了眼睛，任凭泪水沉沉地流淌着。她感觉到，延信的泪水也滑落到了自己的脸上。

许久，兰娥轻柔地说："延信，我没有看错人，这下，我真的能放心了。"

延信流着泪喃喃地说："不，兰娥，你别离开我，我不让你离开我，变英也需要你呀！"

兰娥身体绵软地说："延信，把变英抱过来，给我再看看。"

延信把床头襁褓里包着的变英抱过来，送到了兰娥的眼前，孩子正甜甜地睡着，鼻翼均匀而娇柔地呼吸着。兰娥用力地把头向前探，在孩子的脸上轻轻地亲了一口，然后无力地靠在延信的怀里。

不知过了多久，延信怀里的兰娥仍然一动未动，延信一只手把襁褓放在了床上，准备把兰娥平放着休息，忽然，他感觉到兰娥的手臂已经软软地低垂下来，并且她的身体已经开始发凉了，延信脑袋嗡地一声，不相信地瞪大了眼睛，他浑身剧烈地颤抖着，用手指去试探兰娥的呼吸，什么都没有了，延信惊呆了。

刘家人闻声，急忙从各自的房屋中跑了过来。

此时的兰娥，一脸安详，静静地躺在延信怀里，真的像睡着了一样，所有的人都不由得黯然泪下。

→ 永远的儿子

★★★★★

转眼间七天过去了，到了给兰娥下葬的时候了。送葬的队伍排得很长，邻居和朋友们都来给兰娥送行。

延信抱着棉布包裹的变英走在前面，或

许是冷，或许是小变英能够感知到周围不同寻常的氛围，她的哭声一阵接着一阵。延信紧紧地抱着女儿，眼睛不眨地望着前面坎坷不平的道路。他没有哭，没有喊，虽然他心里已经明白地知道，兰娥再也不可能回到自己身边了，但他仍然迷茫地相信，此刻，兰娥就在前面的某一个地方，正看着自己，微笑着，像平日一样跟自己说话。

路边驻足目送的村民，听到队伍中有一个人的哭声最高，寻声看去，竟然是被人拉着手向前蹒跚的彦妞，这个平日连衣服都不会自己穿的傻弟弟，像是突然明白了眼前正在发生的事情，明白了那个每天照顾他、关怀他的姐姐将永远不会跟他在一起了。他无遮无拦地一路号啕大哭，谁劝也没用，引得路边的不少老人也用衣袖抹着眼泪，一边叹息一边目送着队伍向村外走去。

半个小时之后，一座新坟立在田野之中。这是一个人生命中留下的最后一点痕迹了。坟墓上插满了纸制的花圈，对于一个故去的人来说，不知这一切良好的祝愿，能否保佑她在另一个世界里再有一个美好的开端。

谢兆玉家中，老两口已经整整两天不吃不喝了，隔壁的二婶每天来劝，两个人就是连话都不说一句。二婶无奈，只好帮他们做好饭盛到碗里，可是一直等到下一顿，那碗饭依然没动。老年丧女的痛苦，一直紧紧地逼迫着这对老人，二婶找不到解劝他们的语言，也只好先把彦妞喂饱饭，收拾干净他身上的衣服，哄着呆呆的彦妞到院里去玩。

谢兆玉垂着头，心乱如麻。女儿不在了，这个家没个人照顾妻子和彦妞，是根本不行的。他本想索性辞了焦作的工作，回到家里来照顾妻儿，但转念一想，还是不行。这个家不同别的人家，妻子多病，需要花钱吃药，彦妞又不能当个劳动力，自己回来，就是满地打滚地挣工分，也只会比现在的生活更艰难更困苦。于是，他看看冯季花，忍不住地长叹了一声："延信倒是个好孩子，可人家毕竟是女婿，女儿在还好说，如今女儿没了，又有什么道理把一个女婿留在身边呢！"

两个人面对面看着，都摇摇头，愁得眉头紧锁。

院门忽然被推开了，脚步声传进来，是延信来了。

延信的头发零乱着，眼睛红肿，脸色苍白，身上的衣服皱皱巴巴，满是灰尘，这些天下来，眼

△ 母子情深

见着这个二十出头的小伙子一下子苍老了很多，谢兆玉和冯季花心里又疼又酸。

延信抬头看了看岳父、岳母，身子一低，跪在了地上。

在场的岳父、岳母和二婶都被吓了一跳，他们吃惊地望着延信，一时都没有反应过来。

延信俯下身，恭恭敬敬地磕了三个头，然后慢慢地抬起身，开口说道："爹！妈！你们不要太难受，兰娥走的时候，俺答应过她，要照顾你们一辈子，要照顾彦妞一辈子，今后，俺永远是你们的儿子，你们也永远是俺的爹妈！"

短短的几句话，让谢兆玉和冯季花惊喜万分，又难以置信，他们望着面前跪着的延信，一股热流涌上心头。眼前这个场景是真的吗？他们的耳朵没有听错吧？他们呆呆地望着延信，只见延信红肿的眼睛里透出了果决和坚毅。

冯季花的眼泪也热热地流淌下来，她满怀着感动走上前去，用力把延信拉起来。

谢兆玉也落泪了，他迟缓地站起身，泪眼朦胧地看着延信，低沉地说："亮啊，这个家，担子太重了。"

"都是一家人，我不怕。"延信话语不快，但没有丝毫的犹豫。

"可是你还年轻呀，你要想好这件事呀。"

延信有些哽咽了："爹，妈，我答应过兰娥照顾你们一辈子。答应过的事情就一定要做到。"

冯季花一开始也不敢相信延信这几句话，可是她品味了半天，终于明白了，延信是慎重的，也是认真地在说这句话呀。也许，这样的话出自别的年轻人口中，她可能不敢相信，但延信说了，那就一定是真的，虽然仅仅有一年多的相处，但冯季花早已经感觉到，延信是个至善至孝的孩子。也许自己的这个家庭，只有延信能够撑起!

"亮啊——快起来，妈信你，妈认你做儿子!"冯季花失声哭着，拉起了延信的手，这一瞬间她突然感到，自己不再孤独了，自己有了支撑，有了今后一生的依靠。

谢兆玉也明白了延信的决心，他心里感到安慰了，他历来喜欢这个女婿，但他还是有点不相信，这一句承诺，担起的，可是一生的沉重啊。但眼前的景象又让他不得不信。

谢兆玉回矿上上班了，延信也住到了谢家，开始践行自己的承诺，照顾冯季花和她的傻儿子彦妞。

转眼间冬天到了，这冬天简直就是冯季花的刑期，气喘不停，还不敢接触任何冷空气。

延信从大队的卫生所给岳母找了几个大号的口罩戴上，仍然不能解决问题，唯一的办法就是在屋里生火。农村里生活取暖大都烧柴，烧了两次，无论用什么柴草，每次的烟雾都呛得冯季花喘不过气来，痛苦万分。烧柴不行，唯一的办法就是烧煤了。可滑县无煤，要到邻近的辉县去拉。

尽管冯季花不同意，延信还是啃着干粮冒着风雪从辉县拉回来一车煤。煤拉回来后，延信在冯季花房中生起了一个用洋铁桶做成的小煤炉，立刻，屋里便暖和起来，冯季花的哮喘病登时好了许多，冬天的阴冷似乎已随着这个小煤炉的点燃远远地躲开了。

艰难的日子

屋漏偏逢连阴雨

★★★★★

1979 年的中国农村，正在发生着一场历史性的巨变。一年前，安徽凤阳县小岗村 18 位农民签下了家庭联产承包的生死状，一年后，十一届三中全会在复杂的国内形势中召开，为中国的农业和农民，指明了全新的前进方向。处在豫西北平原上的车村，也随着历史的车轮，经历着这种历史变革。

因为实行了责任制，大队的棉田也分到了各家各户，刘延信不再到大队的棉田去当技术员了。延信和岳母家，共分了四个人的土地，但能干活的，只有延信一人。农活是由季节和天气做主的，所以延信便只能跟随着季节和天气，每天辛勤耕耘，忙碌在农田之中，延信的身体不算强健，但他有极大的耐力和韧性，虽然很苦很累，但地里的活儿也总能干得扎实妥当。

这一段时间，冯季花的身体也显得好了一些，在家里也能帮着干一些做饭扫地等不太繁重的活计。

这天，早晨的太阳还没有升起来，阴冷的凉风不断吹落着院子里枯黄的树叶，延信在院子里看了看，发现猪圈里的垫土有些稀湿，便决定去村外拉一车黄土，然后再弄一点麦草，把猪圈垫得干燥一些。

延信正干得满头大汗，突然门外传来了一个声音："家里有人吗？——刘延信家是不是住在这里啊？"

"爸，有人叫你哩。"5岁的小变英耳朵灵，赶紧对延信说。延信回过头，见是乡里的邮递员正在院门外张望。

"是啊，是啊，你有啥事啊同志？"延信放下手中的扫把迎过去。

"你家的电报，焦作来的，去屋里拿私章吧，要盖章的。"

"好，好，你等一下啊，我去拿。"延信答应着。

延信拿来私章，签收完电报，送走邮递员后，便一边往回走着，一边抽出电报来看。

延信的一条腿刚迈进屋门，便停下走不动了，他瞪大眼睛，把电报来回又看了两遍，他有点不相信，但上面确实清清楚楚地写着："岳父病危，速到焦作矿务局医院。"

延信的脑袋嗡地一下子，身子晃了晃，那张小小的纸片在他的手里剧烈地抖动起来。简单的几个字，简直像晴天炸雷一样，爆响在延信的身旁，震碎了所有的听觉和视觉。

好半天，延信才清醒过来，有些慌张地跑进岳母的房间里，看到岳母正用一种猜测和疑惑的眼光看着自己时，他才猛然觉得，应该稳一稳情绪，别让自己的慌乱吓坏了岳母。

"亮，谁来的电报？你爹吗？"岳母的话语中已经有些忐忑。

听到岳母的声音，延信的心里冷静了一些，尽量用平缓的语气对岳母说："是……是矿上来了一封电报！"

"咋了? 你爹咋了? "冯季花的心一下子加速跳动起来。自从丈夫当上矿工后,她时时刻刻都在悬着一颗脆弱的心,尽管丈夫回家从来不和她讲矿井下的任何事情,但冯季花凭着想象也能知道,一个挖煤人在几百米深的井下,会承受什么样的辛苦和劳累,同时,又会面临着什么样的危险和恐惧。

平日里,丈夫除了两三个月回来一趟外,几乎从来不会给家里写信或发电报。所以,多年来,在冯季花的脑子中,没有消息就是最平安的消息,一旦有了电报或挂号信,那一定是出了什么不好的事情了。

"亮,快说呀,你爹他咋了? "冯季花又着急地问了一遍。

"我爹,他……他住院了。"延信本想说出电报上'病危'两个字的,但话到嘴边,却突然改成了"住院",因为他猛然觉得,一向病病快快的岳母,可能承受不起这样的打击。

"住院了? 是伤了还是病了? 重不重啊? "冯季花心急火燎,喘着气问延信。

"妈,电报上没说太清楚,只是叫咱去一趟。"延信一边应着,一边想着该咋样安排这件事。

"那就快点收拾收拾,我们快点去吧。"冯季花显然已经沉不住气了。

"妈,你看,家里还有彦妞,有变英,还有鸡、猪这些活口,是不是我先去看看,需要你们去的时候,再接你们过去? "延信尽量沉稳地说。

"那咋会中哩,你爸一定病得不轻,要不,矿上咋会发电报过来呢。"冯季花判断着,脑子里快速思考着,吩咐延信:"把鸡给二婶家送去,那猪,低价卖了,家里的钱都带上,咱马上赶去焦作,你爹住院,说不定要用得上,我们赶紧收拾收拾,今天能走就今天走。"

"那彦妞和变英咋办呀？"

冯季花眼睛暗了一下，有些低沉地说："带上他们吧，你爹要真有啥了，也能见上他们一面呀！"冯季花一边说着，一边已经抽泣起来。

延信突然明白过来了，电报上说病危，那一定是十分严重了，自己刚才只想着不让岳母太受惊吓，却没有想到，假如岳父真的很危险，那岳母和彦妞、变英，咋说也应该去见上一面的，自己刚才光顾脑子发热，咋会连这些都没有考虑到呢。

延信又到父母家里，把情况简单地告诉了家里人。刘家人也都感到了事情的严重，等延信回来准备行装的时候，三哥延胜也随后追到了弟弟家里，他把延信叫出来说："爸妈把手边能凑的钱都凑起来，总共有一百多块钱，我这里还有几十，一块儿给你带上。到焦作要是还有困难，就赶紧往家里捎信，啊！"

延信赶紧拒绝着说："哥，我岳父是公费医疗，住院不用掏钱的，你和妈也不富裕，这钱还是留下吧。"

延胜不由分说把钱塞到了弟弟手里："快拿着！你们几个人去，吃饭睡觉，不定还有啥地方都需要花钱呢！"

延信没有再拒绝，他知道父母和哥哥都是一片真心。面对亲人温暖而真挚的关怀，他只能感激地默默收下了。

⟶ 大厦将倾

★★★★★

　　谢兆玉不是在井下出了事故，而是因为突发脑溢血，昏倒在宿舍里的。

　　这天下午，他上井后，感到头重脚轻，还以为是头天晚上没睡好觉，勉强支撑着到浴池里洗过澡，回到宿舍后，没有像以往一样，和工友们东拉西扯地聊天，倒头就沉沉地睡去了。

　　到了晚饭时间，两个工友准备叫他一起去吃饭，走到床前正要喊，忽然发现谢兆玉的嘴角边竟然挂着血迹，赶忙大声叫他，但是谢兆玉已经没有任何反应。两个工友大吃一惊，一边呼喊着，一边赶紧叫来其他工友，七手八脚把他抬到了矿上的职工医院。

　　值班医生检查后觉得病情太重，马上叫来救护车，把谢兆玉送进了焦作矿务局中央医院。

　　谢兆玉所在的区队领导看到这种情况，准备拍电报给他家里，可问了半天，工友们只知道谢兆玉是滑县半坡店公社车村人，但他妻子的名字大家谁也不知道。

谢兆玉同宿舍的一个工友拍拍脑袋，忽然想起来："我听老谢说过几次，他的女婿叫刘延信，一直在家照顾着岳母和儿子，就把电报发给他吧！"

大家一致同意，马上把电报发给了刘延信。

冯季花、刘延信带着彦妞和变英第三天上午赶到了焦作，这时的谢兆玉仍然处在昏迷之中。

走进病房的时候，冯季花看到丈夫满身插满了橡皮管子，吓得连步也挪不动了，她扑在谢兆玉的病床边哭着呼唤了半天，谢兆玉连眼皮都没有抬一抬。她脑子里闪过一个可怕的念头，丈夫的病这么重，只怕是难逃一死了。

随着这个念头，冯季花软软地跌坐在地上，呆呆地一句话也说不出来了。延信赶紧过来扶起岳母，让她坐在旁边的一把凳子上。彦妞看见母亲吓成那样，又看看床上躺着不动、浑身古怪的父亲，也吓得蹲在地上哭起来，小变英抓着姥爷的被角，不知所措地睁大了惊恐的眼睛。

延信的腿也有些发软，但他看到一家人这样，虽然心里也一样着急，但还得安慰岳母，哄劝彦妞和变英。

谢兆玉的主治医生听说家属赶到了，赶紧来到病房。医生招招手，把延信叫到了办公室，随口问道："你是他儿子？"

延信回答："不是，我是他女婿。"

"女婿？哦，那，他女儿来没来？"医生又问。

延信的心揪了一下，慢慢地说："我妻子已经去世了。"

"啊？那你……?医生有些吃惊地看着他，一时竟不知道该问什么了。

延信平静地说："我们一家人还在一起过呢。"

"哦，是这样啊。那，谢兆玉的事儿你能做主吗？"医生又问。

"能，我们还是一家人，真要有什么，我也可以去跟我岳母商量。"

　　"那，我对你实话实说啊。"医生顿了一下，接着说下去，"你岳父得的是大面积脑溢血，情况非常严重，抢救起来也有很大的难度，你得有个思想准备啊。"

　　"啥? 你是说……他有可能……"延信有些发懵，鼻子里酸酸的，话也说不出来了。

　　"哎，同志，你别急呀，我们不是正在抢救吗?"医生看到延信有些紧张，赶忙安慰他。

　　延信的脑子慢慢冷静下来了，他带着恳求问："医生，那，还能不能救好呀? 我爹是家里的顶梁柱，求求你们，千万要救救他呀!"

　　医生叹了一口气："我们当然会尽力抢救的，不过，还要看他能不能顺利地度过这一个星期了，如果能的话，还会有救的。"

　　延信似乎也看到了希望，忙问："那，要是能度过这一个星期，我爹的病是不是就能好了?"

　　医生摇了摇头："没有那么乐观! 就算是抢救过来，他也不可能恢复到完全健康的程度，恐怕连基本的生活自理能力都不会有了。"

　　延信的心一下子沉了下去，想到一向好强坚韧的岳父，眼眶不禁慢慢红了。

　　医生见他这样，不好再多说什么了，只是问他："你们家里安排人陪护了吗?"

　　延信一愣，抬起头："哦，我，我来陪护。"

　　"就你一个人陪护? 老谢没有儿子? 刚才病房里不是还有一个年轻人吗?"医生又问。

"哦，他是我爹的儿子，不过——"延信用手指了指自己的头，说："他从小脑子有点问题，自己还不会照顾自己呢。"

　　医生更有些惊奇了，一下子还真没想明白这到底是怎样的一家人。

　　谢兆玉一直处在昏迷之中，延信把岳母、彦妞还有小变英暂时安排到矿上临时住下来，自己住到医院里护理病人。

　　延信每天都要打来开水，兑成温水给岳父擦脸，再用茶杯里的温开水蘸湿棉球给岳父滋润干裂的嘴唇，还要注意观察岳父的心跳和呼吸，隔一段时间，他还要把岳父尿湿或染上大便的床单换下来拿到卫生间去洗净、晾干。

　　为了能省下一点钱，刘延信一直没舍得到食堂或在医院的伙上吃饭。他买来一些馒头，泡在开水里当饭吃。到了晚上，护士熄灯后，延信便抖开从护士那里要来的几张旧报纸，铺在岳父病床边的水磨石地上，然后和衣睡上一会儿。天刚擦亮，当走廊边的护士办公室里亮起灯光的时候，他便赶紧从地上爬起来，揉揉惺忪的眼睛，醒醒神，察看一下岳父身上的管子，然后抓起床头的毛巾，提上暖壶，到院子里去打开水。

　　同病房的人都是两个或三个家属轮换陪护，只有延信，是24小时一个人守护在岳父的床前。别的陪护都有家属掂着饭盒来送饭，只有延信，每次都到医院的打饭处去买馒头，然后一个人悄悄地躲到开水房的后边，就着开水啃馒头。

　　几个昼夜下来，延信整个人明显瘦了一圈。

➔ 一个人的坚守

★★★★★

不知不觉间，两个星期的时间过去了。

这一天早晨，延信醒来后，看看岳父没有事儿，便拿上毛巾又到水房里去洗脸。冬天的早晨，水管里的水寒冷刺骨，他把毛巾冲湿后，轻轻地覆在了脸上，一股针扎一般的凉意猛然穿透了皮肤，他不禁咧着嘴巴倒吸了一口凉气。他快速地把脸搓洗一遍，回到了病房，拿起柜子上的暖壶准备出去打水，主治医生忽然走进病房，叫他过去一趟。

延信赶忙放下暖壶，心中忐忑地跟着医生来到了值班室。

医生看到延信有些紧张，关切地对他说："我找你来，主要是想提醒你一下，你岳父的病，恐怕得住院很长时间，这陪护可是个很消磨体力的活儿，跟前又只有你一个人，你可得多注意一点自己的身体，要不，说不定你岳父的病还没好，你就先累垮了。"

延信听到这些话，顿时放下心来，他感激

地点了点头："你说得对医生，我一定会注意身体，决不会把自己的身体先弄垮的。"

和医生又聊了几句，延信看没什么事了，就赶紧打完了水，又回到了病房。

延信用毛巾蘸着温水给谢兆玉仔细地擦洗完了脸和手，端着脏水盆子正要出去倒掉，冯季花出现在病房的门口，她一手拉着彦妞，一手拉着变英，三个人面孔冻得红红的，跺着脚走了进来。

延信吃惊地把脸盆放下，忙迎上去问道："妈，你们咋来了？这么远的路，有没有摸错方向啊？"

这些天，冯季花带着孩子们住在矿上临时给他们安排的宿舍里，因为对周围的环境不熟悉，延信交代他们尽量不要出来。

走进病房的时候，冯季花差一点没认出来，两个星期没见，延信几乎变了副模样，脸色发暗，眼圈发黑，两颊好像被刀削去几片肌肉，塌陷下去，头发也荒草一样地支棱着，让人忍不住心疼起来。

冯季花的眼泪一下子就涌了出来，带着哭声问道："孩子，你咋瘦成这样了？"

延信赶紧把岳母扶到岳父床边的一个凳子上，劝说道："我没啥，刚睡起来，还没顾得上梳理呢。"

变英也走到延信的跟前，抬着头说："爸，你咋这么瘦呀，我刚才差点就不认识你了。"

延信抬起手，在自己的脸上用力搓了两下，笑着对变英说："看，我没变样吧？"

变英笑了，转身跑到了姥爷的床前。

同病房里的几个陪护也好奇地看着突然而至的三个人，一位陪护的大姐嘴快，看了看冯季花，有点不平地对她说："你们咋才来呀？这白天黑夜的，老谢跟前就这么一个孩子陪护着，就是铁打的人也受不了。"

冯季花的眼窝更热了,她抬眼看看对方,说:"他不是俺的孩子呀,他是俺的女婿。"

"啊?"同病房的人都惊住了,大家忍不住小声地议论起来。

旁边的大姐有点吃惊地说:"原来是女婿呀!这样的女婿,可真是少见,难得呀!你女儿可真是好福气。"

一句话又勾起了冯季花心中的痛,她的眼睛不由得垂了下去,喃喃地说:"我闺女,都没了好几年了。"

大家的眼睛又一次瞪了起来,没人能相信,一个妻子去世好几年的男人,还能这么精心地照顾亡

△ 谢延信每天清晨为岳母叠被子

妻的父母。病房里所有的人，都不禁停下了手里的一切，专注地看着眼前这几个让他们不能理解的人。

靠外边的病床上，是一个五十多岁的老工人，他感慨地对冯季花说："大妹子，你这女婿真是个好人呀，一连十几天了，他每天晚上都睡在老谢床前的地上，看着都让人心疼哩。再看看我那没良心的儿子，我住院这么长时间，那小子才来看过我两次，还把别人送给我的营养品都给掂走了。"

冯季花转头不相信地看看延信，又看看那个老工人，问道："他，天天晚上就睡在地上？"

"可不是嘛！地上铺个报纸就睡了！"边上的人七嘴八舌地回答。

冯季花鼻子一抽，哭出了声："亮，我的儿呀！你让妈咋说你呢！"

冯季花还要说什么，一直在病床前盯着姥爷观看的变英大声叫道："爸，姥姥，快看呀，我姥爷睁眼了！我姥爷睁眼了！"

延信和冯季花闻声赶忙凑了过去。果然，谢兆玉的眼睛开始一阵一阵地眨动起来，嘴唇和喉咙也开始有了反应。延信简直有点不相信自己的眼睛了，有点呆呆地看着岳父，旁边的家属提醒他们：

"快别看了，赶紧去叫医生，病人要醒来呢！"

刘延信答应一声，立刻跑出去找医生。冯季花的心情有点复杂，她两眼一酸："他爹，你也该醒了，都这么长时间了呀，你要再不醒来，可叫我们咋过呢！"

闻讯赶来的医生和护士们一阵忙碌，接着，便欣喜地告诉他们："病人的情况有了明显的逆转，大大超出了我们的预料，也许很快就会醒过来了。"

傍晚时分，谢兆玉终于睁开了双眼，在和死神的顽强抗争中，他终于取得了胜利。这胜利，更包含着他身旁亲人们舍命的守护。

谢兆玉露出了一抹久违的微笑，此时此刻，他感到自己的四肢无比沉重，好像已经不听自己使唤了，他想，也许是躺的时间太长了吧。

　　于是，他逐一地看着冯季花、彦妞和小变英，然后定定地看着延信，两串热泪从眼角流出，他努力地翕动着嘴唇，含混却很动情地说了一句："亮，苦了你了……"

　　"爹，我没事，只要你能好起来，只要咱一家能平平安安。"

　　这饱含着人间真情的一幕，感动了在场的所有人，大家几乎都掉下了眼泪，为着这个特殊的家，也为这个历尽磨难的家庭，能够尽早走出困境。

→ 男子汉的坚韧

★★★★★

　　又是二十多天过去了，谢兆玉的思维和神志已经基本恢复到正常的状态，但四肢的活动能力却没有任何改观。这个铮铮铁骨的挖煤硬汉，大半辈子都是在坚强中走过来的，而今天，他却只能躺在病床上，看着自己的女婿给他洗脸喂饭，甚至擦屎接尿。他既羞愧又懊恼，对着正在给他擦脸的延信大叫："小亮你走，别管我，让我死掉算了！我都这个样子了，还活着干什么！"

看着岳父无缘无故地发脾气，延信反而更加同情他了，他知道岳父心里难受，依然面带微笑地对岳父说："爹，你别着急，谁得病也不是一天两天就能马上好的，咱慢慢来，是病总会好的。"

谢兆玉还在对他吼着："慢慢是多慢？三年？五年？一辈子？我都成了废人了！你还叫我慢慢来，叫我熬到什么时候呀！"

延信赶忙拿着毛巾去给岳父擦泪，谢兆玉把头使劲地扭到一边，大声说："滚滚滚，你走吧！不要再管我了，行不行！"

延信的心也被岳父的痛苦挣扎揪痛了，他的眼眶也渐渐湿润起来，忍不住吸了一下鼻子："爹，咱听医生的话行吗？好好治疗，你会好起来的，我妈，还有彦妞、变英都在等着你快些好哩，咱们好一起回家！"

谢兆玉的情绪还是无法控制，同病房的人有些看不过去，他们纷纷围了过来，帮着延信一起劝慰怒气冲冲的谢兆玉。

谢兆玉看到大家七嘴八舌，一时无语了。他的眼睛直直地看着天花板，心中已成了乱麻。

谢兆玉的病情稳定后，增加营养便成了很重要的事情。他的住院费和治疗费由公家负担，但住院期间的饭费和生活费，还得靠自己去解决。由于不能下井上班，谢兆玉的工资少了很多，而且按照医生的要求，鸡蛋、奶粉，包括肉类，都是要不间断地补充的。

为了给岳父补充营养，延信每天给岳父尽量买一些贵一点的饭菜，而自己依然是两个馒头就着白开水凑合。眼看一个多月过去，加上冯季花带着彦妞和变英也要在矿上的食堂吃饭，很快地，他们从家里带来的二百多块钱，已经所剩无几了，以后的生活该怎么办呢? 延信又开始发愁了。

延信也曾经想过, 索性带着彦妞和变英回老家, 只留下岳母岳父两个人, 那么岳父的工资维持他们两个人的生活, 大概不至于那么紧张。但转念一想, 岳父瘫痪在床上, 吃喝拉撒, 还要检查治疗, 靠岳母一个人是绝对不可能办到的。那样一来, 自己不是等于把两个可怜的老人丢在这里不管不顾了吗?

延信又想到, 把彦妞和变英送到自己的母亲家里去, 让父母帮着照顾, 相信父母会很好地对待他们的。但是, 彦妞是岳父岳母唯一的儿子, 尽管呆傻, 他们老两口也是希望他守在自己身边的。

那么, 能够离开这里的, 就只有变英了。

延信的心紧紧地疼了一下, 这个可怜的孩子, 还不懂一点世事的时候, 就失去了母亲, 到现在已经5岁多了, 还从来没有体验过母爱, 难道自己再让她从此失去父爱吗? 延信心里犹豫着, 他找不到更好的办法。

三个月后, 谢兆玉终于要出院了。

办完了出院手续, 延信和同病室的人告别。隔壁病床的陪护大姐眼泪汪汪的, 拉着延信的手反反复复地说 : "大姐从来没有见过你这么孝顺的人, 就是出院了, 也别忘了大姐呀。"

"嗯, 我有空就会过来看望你们的, 也希望你们早点出院啊。"

延信刚要出门, 主治医生走了过来, 紧紧地握住了延信的手 : "延信, 我在这里工作十几年了, 见过的家属成百上千, 你是第一个深深打动我的人, 且不说你陪护的是你前妻的父亲, 就是自己的亲生父亲, 我也没见像你这样孝顺, 这么能吃苦的儿子。"

医生的话, 让延信的脸一下子红到了脖子根, 原本是想了很多话要向医生致谢的, 可这一瞬间, 他什么也想不起来了。

在矿领导的安排下, 矿上给他们一家腾出了两间房子。

房子虽然拥挤而简陋，但过惯了苦日子的冯季花和延信也没有觉得有过多的不便。矿上能这样照顾自己一家人，已经让谢兆玉非常过意不去了。

和亲人们待在一起，谢兆玉的心情也好了许多，久已远去的笑容，不时回到他的脸上。加上彦妞、变英也常常到他的床前来打闹玩耍，让这个贫困简陋的家，一时也有了几分生机。

但延信的心中，仍然在考虑着那个时时让自己感到痛苦和无奈的问题。看到小变英屋里屋外跑来跑去，给每一个人都带来欢乐，延信实在不忍心把她送回老家，可是，眼前已到了不能不抉择的时候。家里基本上是一穷二白了，除了岳父还有的那点可怜的病休工资外，他们已经没有了任何收入，而谢兆玉的病休工资，别说给岳母买药治病，就是光用来买粮买菜，都显得十分紧张。

当延信再次把这个想法告诉冯季花时，冯季花仍然坚决反对，她有些生气地对延信说："变英还是个小孩子，也吃不了多少东西，有我们一口吃的，还能养不住一个孩子？"

当然，在冯季花的心里，还有另外一种担心。她觉得，延信已经为这个家付出的太多，假如把孩子送回到老家延信母亲那儿去，岂不是连延信的家人也给连累了吗？

但是，延信在心里已经下定了决心。

➔ 女儿的哭声

★★★★★

　　天刚蒙蒙亮，小变英就醒来了，爸爸告诉她，今天要回老家去看望爷爷奶奶，小变英别提多高兴了。延信忙着给她穿衣服、洗脸，还把她平日里穿的衣服都包进了一个包袱里。

　　冯季花走过来，看到小变英，她的眼泪一下便涌出来了。

　　说心里话，她真不忍心变英离开自己，可生活的艰难让她又不得不同意延信的选择。

　　冯季花把三个煮好的鸡蛋塞到了变英的口袋里，然后一把抱过孩子，把自己的脸紧紧贴在变英的小脸蛋儿上。她想哭，又怕孩子看见了会难受，于是就强忍着，用力地抱紧了外孙女。

　　谢兆玉也在一旁默默地看着变英起床穿衣，看着外孙女兴高采烈的笑脸，他悄悄地用被子盖住了自己的脸，让泪水悄悄地流出去。

　　小变英从姥姥的怀里挣脱出来，爬上姥爷的床边，扒开了姥爷盖在脸上的被子，她看见姥爷竟满脸泪水，眼睛不由得睁大了。

"姥爷，你咋哭了？你是不是身体不舒服啊？"变英赶紧问。

"不是，变英，姥爷是看你高兴，也替你高兴哩。"谢兆玉含泪勉强笑了一下。

冯季花在旁边关切地看着，她明白丈夫的心思，怕他控制不住，只好赶紧插嘴说："来，变英乖，下来吧，别把口袋里的鸡蛋压破了啊。"边说边把变英从床上轻轻抱了下来。

延信开始和谢兆玉、冯季花一一道别，还有傻弟弟彦妞，他也再三地叮嘱，让他不要到处乱跑。终于，他一把抱起变英，走出屋门，融进了早晨橘红色的朝阳之中。

延信和变英回到车村的时候，村里已经开始有点儿年气了。

车村的年集正是热闹的时候，小变英看着什么都觉得新鲜。多次停下脚步，好奇地看着各种稀罕的东西。想着这一次回来，女儿便要和自己分开相当长的一段时间，延信真的很想给女儿买几样东西留给她。但他摸了摸衣袋，自己身上带的钱，除了来回路费，大概不会剩下什么了。

他犹豫再三，还是花一块钱给女儿买了一包杂拌的糖块，女儿爱吃糖，捧着这一包花花绿绿的糖块，变英高兴得手舞足蹈。

虽然知道儿子和孙女这几天要回来，但在看到儿子的一刹那，延信妈还是惊喜万分。

小变英叫了声"奶奶！"便飞快地跑过去，扑到了奶奶怀里，一边亲着奶奶，一边剥开一个糖块塞到奶奶的嘴里，喜得延信妈张开嘴笑个不停。

从孙女的亲热中回过神来的延信妈这才顾得上端详自己日夜牵挂的小儿子，看着看着，老人的眼睛湿润了。原本白净敦实的小儿子变得又黑又瘦，一副疲惫不堪的样子。看来，儿子在外边真的是受了不少的罪呀!

"亮啊, 你咋瘦成这样了? 妈知道, 你同时要伺候几个人, 可你也不能不顾自己的身子呀!"延信妈眼泪婆娑。

"没事儿, 妈, 等过年吃几天好东西就又胖了。"延信故作轻松。

"那好, 妈今天就给你煮肉吃, 知道你要回来, 你三哥昨天就送来了几斤肉。"

"妈, 不能总叫三哥破费, 本来回家应该我给你们买肉才对呀。"延信有些不好意思。

"亮, 我可听你三哥说了, 你们在焦作早就没钱花了。"

延信不作声了。看来, 他在焦作的状况, 家里都已经知道了, 他不想进入这个沉重的话题, 赶忙拉过正在追着小猫玩的变英:

"变英, 奶奶给你买肉了, 咱帮着奶奶做饭吧!"变英当然高兴得叽叽喳喳, 跑前跑后, 趁这个机会, 延信赶忙转移话题, 问起了家里的情况。

听说延信回来了, 二哥延秀和三哥延胜都跑了过来, 母亲看着儿子们过来, 便叫儿子们都回去把老婆孩子全都叫过来, 反正肉都煮好了, 正好大家一块热闹热闹。

父亲刘华林回来的时候, 大家都在等着他开饭了, 看到儿子媳妇、孙子孙女们挤了一屋子, 刘华林高兴地大声说:"今天是啥日子啊? 我们家都聚齐了。对了, 就是你大嫂带着孩子去开封看你大哥了，要不，咱们家还没过年，就提前大团圆了。"

因为人多，这顿饭吃得热热闹闹。孩子们更是玩闹得不可开交，两间老房子里洋溢着久未有的喜气。

吃过饭，延信又问起父亲的身体状况和最近咳嗽的原因。刘华林说，村里和乡里的医生都说是年龄大了，我也觉得不是什么大病，以后我也不看了，人生由命，用不着费那么大劲去折腾。

第二天，天还不亮，延信就起床了，母亲已经在给他做早饭，父亲也披着棉衣，坐在炕头抽着早烟，屋里弥漫着一种怅然的气氛。

两碗饭吃到肚子里，延信也不知是什么滋味。他脑子里一直闪动的，是变英醒来后如果看不见他，哭泣流泪的样子，他不敢和孩子告别，他怕自己受不了那样的场景。但是真的就这样离开，他又会很长时间心里都放不下的。

在犹豫中，他掂起了包裹，却迟迟没有挪动脚步，想了再想，还是再一次来到了女儿的床边。

变英还在甜甜地睡着，鼻翼里发出均匀的呼吸声。延信看了又看，用手轻柔地抚摸了一下女儿的头发，准备离开，可是，不争气的眼泪还是流了出来，落在变英的脸上。小变英的睫毛闪了几下，并没有醒来。趁着这个机会，延信一狠心，赶紧掂起包裹，转身走出了房门，延信妈跟在后边出来送他。

刚走出了院子，忽然听到背后传来变英声嘶力竭的哭叫声。

延信扭头一看，变英竟然只穿个内衣内裤，光着脚丫追了出来，一边跑一边大哭着喊叫："爸爸——，爸爸——等等我——你别丢下我！你别丢下我呀！"

延信手一抖，手中的包裹掉落在地上，他张开手臂，一把抱住了扑在怀里的女儿。

延信妈看着孙女薄薄的单衣，顾不上劝说，赶紧返身回屋里拿出变英的衣服。

延信紧紧地搂着瑟瑟发抖的女儿，心里有些动摇了，但是稍微一转念，理智就回到了脑海中，虽然是自己的女儿，他也无法心软呀！

"变英，别哭，你别哭！"延信嗓子哽咽着，只剩下重复这句话。

变英仍然号啕大哭，两只小手死死地抓住延信的衣服不肯松开。

看来已经无法哄住女儿了，延信咬了咬牙，突然变得坚决起来，他用力把变英紧抓衣服的小手拽下来，塞给了刚拿着衣服追出来的母亲，掂起包裹，转身就走。

母亲搂着变英，变英却拼命在奶奶怀里挣扎着，小手努力向爸爸走去的方向伸着，在空中徒劳地抓挠着，悲凉的哭声传遍了整条街道，一直追随着延信的脚步，追随着延信滴血的心，走了很远很远。

大孝至爱

➔ 久病床前有孝子

★★★★★

　　年三十的晚上，放了鞭炮之后，延信便把小桌子搬到岳父的床前。今天是一年中万家团圆的时候，全家人是要围坐在一起吃饺子的。因为刚刚从农村过来，他们家还没有炒菜喝酒的习惯，所以团圆饭依旧是大肉饺子。岳母在煤火边下饺子，延信先喂岳父吃完后，这才在小桌上摆好碗筷招呼着彦妞和岳母坐下来。

　　桌子上多摆了一副碗筷，这是第六个春节了，每年的大年三十，延信都会多摆上一副碗筷，来纪念早亡的妻子。是啊，这本该是笑语环绕的时刻，本该有亲情无限的场景，而此刻，刘延信只能闭上眼睛去回忆妻子的音容笑貌。他的心中，已经涌起了一种浓浓的相思，他不能忘记兰娥，不能忘记和兰娥在一起那虽然短暂却充满快乐的美好时光。

　　当然，这只是团圆夜大家对兰娥的思念。接下来还是要高高兴兴地吃好这顿年夜饺子的。如果说平时全家人都不太舍得敞开肚子吃顿好饭的话，那么今天，无论是谁，都会饱饱地吃一顿香喷喷的饺子。

门外的爆竹声越来越响亮了，好奇的彦妞跑出去又跑了进来，嘴里使劲地喊着"花……花……天上有五彩花……"延信出门看时，原来是不远处有人放起了烟花，那烟花在夜空中绽放，带走的是人们一年的忧愁和烦恼……

春节过后，谢兆玉的情绪一天比一天衰落下来。这些日子，他的腿脚不时有一种疼痛从骨头里往外钻。肌肉僵直、关节萎缩这些长期瘫痪引起的后遗症越来越明显地出现在他的身上。瘫在床上的他在精神上的压力越来越大。傻儿子不能自理，病妻子时好时坏，女婿延信为了贴补家用，在砖窑上打零工。累死累活干完一天的活，还要回到家里忙个不停。谢兆玉看在眼里急在心上。他心疼延信，可又离不开延信，他不想拖累延信一辈子，可又没有办法帮助延信。

由于长时间的卧床，谢兆玉的大便越来越困难了，延信不断地给岳父调整着大便的姿势，希望他能快一点拉出来。但办法用尽，还是无济于事。看着岳父难受，延信也急得团团转。

突然，他想起了什么，赶忙去厨房倒了一点炒菜用的食油，反复往肛门处涂抹，但还是没有效果。

延信想了片刻，突然像下了很大决心一样，把右手的食指在油中蘸了蘸，走到谢兆玉身边，分开谢兆玉的大腿，用手指给他抠起了大便。

谢兆玉的大便终于解出来了，而此刻他的心里并没有感到轻松，反而更加难受起来。五尺高的直性汉子，一瞬间竟"呜呜……"地哭了起来。

从这一天开始，谢兆玉对延信的呵斥与责骂便成了家常便饭。

给他按摩他说不舒服，帮他活动关节他说弄疼了他，甚至喂他吃药，他也说开水的温度不合适，恶声恶气地把延信轰出去。

延信不知道岳父为什么突然变得这么不近人情，有时他也感到很委屈，觉得自己没犯什么错误呀，怎么说骂就骂了起来。可转念一想，换了谁成天躺在床上，也不会不急的。他毕竟是病人哩，自己应该能够理解他的。心里这样想着，每次面对谢兆玉的狂躁和谩骂，他总是淡淡一笑："爹，你想骂就骂吧，俺知道你心里不好受。"

只有谢兆玉知道自己心里有多少愧疚，他在心里默默地说："亮，爹对不起你，爹知道你心里委屈，可我不这样，咋能让你解脱呢？我现在骂你的，以后到了阴间，我都要加倍地去赎罪，我要还给你呀！"

冯季花受不了丈夫的这种行为。她一次又一次地拉过延信哭着说："孩子，你不该受这委屈的，你已经尽到心了，你要受不了，你就走吧，我们家的事儿你不用再管了，你管到啥时候才是个头呢？你还是赶紧回老家吧，回家再找个媳妇，照顾好变英，过好自己的一辈子吧！"

"妈，你快别这么说了，我爹他不是冲我们，他是心里难受呀！"延信反过来劝起了岳母。

其实延信也很为难的，他也有承受不住这样的委屈和责难的时候，也想到过放弃，可每次只要有了这种念头，兰娥的影子就会在眼前晃动。他仿佛看见兰娥泪眼婆娑地望着他、央求他：延信，我们可是说好了不能背弃诺言的，你不能扔下我的父母和弟弟呀！

兰娥在冥冥之中的提醒总是让延信猛然惊醒，自己咋能在这种时候离开这个家呢？虽然他也感到快承受不住了，无论是精神上还是体力上，都有一种即将崩溃的感觉。可是，面对兰娥的亲人，自己难道真能够撇下他们不管吗？那样自己成了啥人了？岂不成了不讲信用、自食其言的小人了？如果眼巴巴地看着这一家老小病死、饿死，那自己还配做人吗？

→ 油菜田里的希望

★★★★★

一天又一天，延信无微不至的关怀终于打动了谢兆玉，他开始变得随和起来。有时候在外边晒太阳，延信给他读书，陪他唱豫剧，他还会把彦妞叫到跟前，让这个傻孩子也跟着哼哼，彦妞哼出的声音，常常逗得大家开怀大笑。

一切都在好起来，可谢兆玉的大便却越来越干燥，经常让延信用指头抹上食油给他往外抠，为了不弄伤岳父，延信每天都把指甲剪得短短的，他还去矿医院找到医生，要了一只橡胶手套。带上这个给岳父抠大便，会更方便。

砖窑上没有活儿干了，延信又发起愁来。钱，成了困扰他们的最大难题，实际上，他们家里现在已经剩下没几块钱了。米面还能吃上十多天，可菜钱、药钱呢？他们已经支撑不到岳父发工资的时候了。延信想了很久，也想不出一个有效的办法。实在无奈，他每天晚上便趁没人注意的时候，到矿上食堂的垃圾堆里去拣菜叶子。把拣来的菜叶子拿回家里仔细挑选，好一点的，用水洗干净后，做饭炒菜使用，而差一些的，就用盐腌起来当咸菜吃。延信还到野地里去挖野菜，把这些野菜洗净，也可以下到锅里吃。

拣菜叶子的时候，延信也曾碰到过一些尴尬。那天厂保卫科的巡逻人员把他当成了潜入厂里的流浪者，突然出现在他的面前。几个保卫科的人围着他，盘问了半天。当他们知道眼前的这个年轻人就是厂里已经在广为传颂的孝顺女婿时，几个保卫干部反而不好意思了："你是谢师傅的女婿呀？我们都听说过你呢，真是个难得的好人哪！"

他们悄悄嘀咕了几句，突然纷纷把身上的钱掏出来，凑在一起，递给了延信。延信还没反应过来，几个人低声却是诚恳地对他说："以后你想拣就只管来，没人会再干涉你的。"说完，几个人无声地离开了，只留下有点不知所措的延信，愣愣地站在那里。

刘延信依旧按时给岳父擦身体，洗衣服，背他出来晒太阳，给他讲故事唱豫剧。他不想让岳父知道，这个家庭又陷入了一场困境。

终于，延信在离家不远的建筑工地上又找到了一个卸车的活儿。每天上午下午各干两个小时，活很重，但卸一车能赚两块钱，一次一结，每天干完就能拿四块钱，还不影响家里的事情，延信非常满意，感觉简直是天上掉下来的好事儿。当然，在别人的眼里，这是工地上最累的活儿，不是家里实在过不下去，谁也不想去干。但延信几乎是抢着去干的，这一车的工钱，就是他们家两三天的菜钱呢。

家里的生活能够改善些了，延信就每周给岳母煮一次羊肉汤。

因为他从医生那里了解到，这羊肉，既能治病，又有营养。看着岳母的脸色渐渐红润，笑容重又回到了延信的脸上。

转眼又是一年过去了，日子在紧张忙碌中匆匆走过。洗衣、做饭、伺候病人，然后到建筑工地去干活，几乎已经成了延信不变的生活日程。有时建筑工地没活干了，延信就再到周围砖窑去打零工，或是到果园里帮人家打药整枝，收摘和运送苹果。反正，只要是能挣点钱的活儿，延信都会积极去干。

在这一年中，延信的生活中还闪现出另一道明亮的光彩。

延信家门外不远处，有一个废弃的瓦砾混合的垃圾堆。有一天延信无意中走到这里，看到垃圾堆里长满了荒草，他围着垃圾堆转了一圈，突然产生

△ 谢延信陪岳母和傻弟弟聊天

了一个想法，既然荒草都能够旺盛地长着，何不把这里平整一下，种些有用的东西呢？

他开始利用空闲的时间来整理这里的垃圾。白天是延信比较忙碌的时候，又要打工又要照顾病人和家里。所以，延信多是利用晚上的时候来。没有灯光，也丝毫不会影响这个从农村出来的庄稼人。他先是用了十来天的时间，肩挑手搬的，把垃圾堆整理成一片平地，然后到附近一趟一趟地挑来黄土，把这块地覆上了厚厚的一层黄土。

有个常从这里走过的李师傅看着挺稀罕，问延信："年轻人，你费这力气干啥？就这个垃圾堆上，还能长出黄金？"

延信笑笑说："长不了黄金，也长不了白银，但是平整一下，我想能种点菜哩，不光省钱，吃着还方便不是？"

李师傅知道了他是谢兆玉的女婿，叹口气道："还真是的啊，你家的日子不宽裕，种点菜确实能省不少钱呢。"

李师傅是个热心人，见延信每天干得挺辛苦，有时晚上也会到这里帮他干一会儿活。渐渐地，他们两个人便熟悉了，一边干活儿一边说话聊天。

延信把这块地整理出来的时候，已经到了初冬，蔬菜是种不上了，望着这足有五六分大的一片土地，延信有些拿不定主意了，他不知自己究竟该种点什么。

这天，李师傅又过来了，递给他一包油菜籽，说："延信啊，这是我从一个工友那里要来的，这东西不挑地，种下也不用管，出苗后能当青菜吃，开了花能当菜花吃，到四五月份结籽了，还能拿去榨油呢！关键是不影响你夏天种菜，你种种试试。"

延信用了两个晚上，种完了这片充满期待的油菜田。果然，没有几天，那油菜苗儿便争先恐后地挤出了地表，再浅浅地浇一遍水，十来天时间，便成了鲜嫩可口的菜苗儿。

李师傅又来指导他，告诉他要合理间苗，油菜在冬天里长得慢，光间出的苗儿，就够他们家吃一冬天了。延信也把这些油菜苗挑好的给李师傅家送了一些，送了两次之后，李师傅诚恳地对他说："延信，你就别和我客气了，那点油菜，本来就是想解决你们家冬天吃菜问题的，我有工资，家里条件比你们强啊。"

延信很感动，默默地接受了这位长辈的好意。

→ 岳父的心事

★★★★★

冬天是谢兆玉最难过的日子。他的大小便已经完全失去了规律，大便时而干结时而稀湿。干结的时候总是要延信用手指帮他往外抠，而拉稀的时候又常常弄得满床都是。延信不光要不断地给他更换被褥，天寒地冻的，还要每天几次用冷水去洗衣服。

谢兆玉心里明白，瘫痪已经三年了，延信对自己的照顾可以说是无微不至。每天无论多少次，只要自己拉了或尿了，延信都要及时来更换，他在外面干活打工很累，但为了照顾自己，从不在外面吃午饭。每天回到家里的第一件事，就是到屋里看看他的床上是干还是湿。妻子的身体差，最多只能喂自己喝点水吃点药。翻身，按摩，伺候解手，全都得靠延信啊。

以前，他也见过瘫痪在床的病人，走到跟前，那股难闻的味道就呛得人直想后退。还有褥疮，没有见过哪个瘫痪病人不得褥疮的，那可是一种痛苦不堪的病症呀！再看看自己的身体，早晚被收拾得干干净净，别说是身上得褥疮了，就是自己住的这间小屋子，每天拉尿在屋里，延信把它收拾得一点异味都没有。自己这是哪辈子修来的福气呀，竟然会摊上这么一位孝比天高的女婿。

"爹，你在想啥哩？"谢兆玉还在呆呆地想着，延信来到了他的跟前，并随手拉过一把小椅子。

"这些天外面上冻了，工地都停工了，我没有啥事儿，再给你念一段武打小说吧。"

谢兆玉点点头，又伸出左手放在延信的手背上，轻轻地拍了拍：

"亮啊，有了你，我就是再重的病，也觉得不算啥了。"

"爹，说啥呢，病总会好的，等过一段时间天暖和了，我再背你出去锻炼，说不定还能会走哩。"虽然是安慰的话，但延信说得入情入理。

"行啊，亮，只要是你说的话我都愿意听，你就是说我还能下矿井，我都信哩。"两个人相视一笑，延信很快就有声有色地给谢兆玉念起了手中的那本翻得破了皮的武侠小说。

这些天谢兆玉一直在考虑着一个对自己来说十分重大的问题。自己的病已经没有完全治愈的可能了。也就是说，自己无论如何都不可能重新回到百米井下，从事自己熟悉的工作了。那么，能不能跟矿上要求一下，让延信来接班呢？谢兆玉听人说过，如果是正常退休，是可以有一个子女到矿上来接班的。但是自己的情况有点不一样，一是自己已经因病享受劳保，二是延信不是自己的亲生儿子。那么能不能让延信改姓刘为姓谢，并且作为自己的养子去接班呢？

正好春节前，矿上的领导来慰问困难职工，问起谢兆玉还有什么困难需要矿上来解决，谢兆玉虽然有些不好意思，但还是吞吞吐吐地说出了自己的想法。矿领导没有当场拍板，领头的工会张主席告诉谢兆玉："子弟接班是个大事，政策性很强，我们还需要回去商量一下，但矿上一定会尽量照顾你们的。我们回去研究后，尽快给你答复。"

一行人寒暄着离去，留给这一家人的希望，却是那样热切。

冬天虽然漫长，但在有勇气面对艰难生活的人面前，似乎也算不得什么。转眼之间，冰雪消融，春天来到了。在朱村矿西工人村招待所的两间临时小房子里，谢兆玉和他的家人们，心中似乎也绽开着一朵鲜艳而芳香的花蕾，因为有两件高兴的事儿在等待着他们。

一件是延信种下的那片油菜，嫩黄油亮的鲜花开出一片灿烂鲜嫩的世界，那菜薹多得怎么也采不尽吃不完。延信每天都会到这片充满希望的油菜田里待上一会儿，让自己一颗略显疲惫的心在这里稍作休息，吸取营养，焕发生机。一片小小的油菜田给他的，已经不仅仅是一种收获了，还有心灵深处的一种寄托。

第二件事更令他们欣喜若狂，矿上考虑到他家的实际情况，已经决定破例照顾他们，让延信到矿上接班当矿工。

这简直是一个意想不到的喜讯，果真能办成，这个多灾的家庭从此便可以有一个稳定的收入了，再也不用提心吊胆地生活下去。

延信决定和岳父、岳母还有彦妞一起庆祝一下，他摆了一桌油菜宴。宴席的主角当然来自他的一片生机盎然的油菜田了，那里的菜叶、菜根、菜薹、菜花，再加上冬天延信腌的菜苗和晒的干油菜，一股脑儿都到他这里报到了，放眼看去，这桌宴席还真是意想不到的丰盛。

这是一个难得的时刻，谢兆玉高兴得容光焕发，生病以来还是第一次把如此灿烂的笑容挂在了脸上。延信喂他吃饭的时候，他不仅要把每个菜都尝一点，而且还非要延信把春节时剩下的半瓶酒也拿出来喝上一口，即使呛得连连咳嗽了几声，也还是掩饰不住满心的欢快，人逢喜事，精神岂能不爽呢？

冯季花更是看在眼里，喜在心上。她似乎忘掉了自己也是个半病的人，一直忙前忙后帮着延信做饭炒菜，似乎那种高昂的情绪一下子把气喘的毛病都征服了。

彦妞也跟随着家里人的喜悦情绪，喜滋滋地围着桌子转了好几圈。

即使是没有鸡鸭鱼肉，谢家的这顿饭吃得也是余味无穷，谢家人说不清楚，这是那片生机盎然的油菜田给他们带来的希望呢，还是生活本身并没有遗忘他们。

→ 改姓风波

★★★★★

这天吃晚饭的时候,谢兆玉又叫过延信:"亮,你明天到矿上的劳资科去问一下,看接班的手续怎么样办,咱还需要准备什么。"

"放心吧爹,明天我就去。"延信答应着。

从矿上劳资科的办公室出来,延信既高兴又有点犯愁。高兴的是矿上说他接班的事很快就可以办手续,愁的是劳资科告诉他,按照矿上的规定,接班一般是子女等直系亲属,延信的情况虽然矿上知道,但在局里审批时上级部门未必能理解,希望他能够改为姓谢。

对于改姓的事情,谢兆玉心中还是有些想法的,当初他们结婚时想让延信改姓,一是怕延信对自己这个特殊的家庭不能负责到底,二是希望能留下一个姓谢的根苗来传递香火。而今这些问题都不存在了,当然也就没有改姓的必要了。但是现在,他最关心的就是延信的接班问题,改姓会减少很多手续上的麻烦。谢兆玉询问延信的想法,延信则笑着说:"其实我早就应该改姓谢了，我姓了谢就不光是女婿了，还是你们的儿子呢。这样我就更有义务照顾你们了，也省得别人再说闲话。"

但是谢兆玉还是觉得太委屈延信了，一个和自己已经没什么关系的孩子，已经做到这样了，咋能还让人家改姓呢？这时冯季花说话了：

"他爹，让亮改姓谢也没啥哩，如果咱们都百年了，小亮也可以再姓刘。以后他如果能寻个媳妇，后代也还姓他的刘，咱们就算暂时沾个光，就当老天爷开眼，送给了咱们一个好儿子。"

冯季花这几句话，实在中还透着幽默，连延信听了也觉得有点惊讶。他忍不住笑了起来："妈，不管我以后还能不能找上媳妇，你们这个儿子是不会离开你们的，现在我改姓了谢，就是将来给你们养老送终，不也名正言顺了许多？"

但是改姓毕竟是件大事，延信必须征得自己家里人同意，他决定亲自回去一趟。

延信回到车村的时候，已经是晚上十点多钟了，小变英已经睡着了，三哥听说延信回来，立刻赶到父母这里，还以为又出了什么事情呢。

延信的父母身体大不如从前了，尤其是父亲，已经不大出门了，经常围着被子靠坐在床上。延信问他到底是什么病，父亲也说不清楚，只是觉得自己老了。不过看到小儿子回来，两位老人还是十分高兴，不住地问这问那。过了一会儿，延信开口对父母和三哥说：

"爹、娘，还有三哥，我这次回来，有一件事，要和你们商量哩。"

"啥事儿呀？"大家有些意外，几双眼睛都看着他。

"这回我恐怕真得改姓了。"延信有些歉意地说。

"啥？又改姓干啥？这不好好的，咱照顾谢家还不够周到吗？"父亲首先不理解了。

"爹，不是这意思哩，是因为接班的事儿。矿上有规定，要直系亲属才能接班，如果不姓谢，办手续恐怕会作难的。"延信向父亲解释。

"那也不行，本来这包袱你已经背了七年了，拖累得连个媳妇都找不上，要是你又改姓了谢，那不是一辈子都甩不掉了？"延信妈更是担心。

"妈，话不能这么说，不管姓刘姓谢，照顾他们家的事儿，我这辈子都不会改主意。现在改姓，一来是可以有一个稳定的工作，二来对他们两位老人也是个安慰，您就别计较了好吗？"延信还是耐心地解释着。

"四弟，不怪咱爹咱妈多想，这事儿你真得多考虑考虑，咱刘家在村里是个大姓，谢家小姓人少，你改了姓谢，将来说不定会受欺负呢。"三哥又说出了另一种担忧。

延信笑了："咋会哩三哥，咱家弟兄四个，还有咱延丕哥又是大队干部，谁要是欺负我，你们还能不管？"

"你姓了谢，说不定就没人管了呢。"三哥瞪了他一眼说。

"爹、妈，三哥，你们想想，从我和兰娥提亲那时候起，谢家都一直想让我改姓。倒不是他们有别的目的，主要是怕我将来抛下他们不管。后来是兰娥怕委屈咱家，坚持不让改姓。兰娥走后，我们不提，谢家当然不敢再提这个事情了。兰娥走了八年了，我从二十多岁熬到三十多岁，我也知道自己的苦，也想找个媳妇成个家。可是，每当我心里动摇的时候，就会想到我答应过兰娥的话。再看看眼前兰娥的几个亲人，我能忍心不管他们的死活吗？"

延信换了口气，又接着说："我在焦作过的日子，受的苦，只有我自己知道，有时候实在受不了，我也想一走了之。可只要我有一点不正常的举动，那一家人总是用害怕的眼睛看着我，那眼神就像在告诉我：亮，只要你一走，这个家的天都立刻塌下来了呀。说到改姓，对咱们来说就是姓刘改成了姓谢。再说得重一点，不过是我们刘家少了一个名义上的儿子。可是，对于他们来说，那不光是心理上的安慰，而且就像在生活上抓住了一根救命的稻草，会让他们活得安稳许多呀！"

延信从来没有这么动情，也没有这样慷慨激昂过，说到最后，已经是满脸泪水。

好半天，刘华林抽出含着的旱烟袋，在床沿上磕了磕："别再说了，明天叫上你延丕哥和族里的老辈人，在一块儿说说吧。"看着父亲的表情，延信知道，父亲已经默许了。

第二天，家里来了五六位刘姓家族里的老者，大家的争论依然十分激烈。多数人不赞成延信改姓，只有刘延丕一脸凝重，半天都不说一句话，最后，大家都催着延丕表态。

延丕缓缓地站了起来，首先是问大家："啥是诚？啥是信？咱老百姓做人做事要的就是诚信本分。咱刘家在村里之所以能够被人看得起，不是仗着人多势众，是靠着诚信二字呀！我看延信做得不错。他一个人吃了苦，救了一家人，他如果改了姓，能让别人得到安慰，过上放心的日子，我们在座的难道非要反对吗？叫我说，我们不光应该支持延信改姓，还应为我们刘姓家族有这样深明大义的子孙感到高兴呀！"

延丕的一席话，说得大家鸦雀无声，好半天，族里年龄最大的三爷带头鼓起掌来。一边鼓掌一边颤颤巍巍地说："延丕说得对哩，不愧是咱刘家的主心骨，延信做了大仁大义的事儿，是咱刘姓的光荣啊！"

看到大家都同意了，延丕趁热打铁，叫来延信，就在大家面前点上香烛。对着祖宗牌位磕了三个响头，然后又给在座的长者磕了头。从这一天起，刘延信便正式成了谢延信。

→ 当上矿工

★★★★★

　　第二天一早，延信又要回焦作了。一家人都忙着为他做饭，收拾行装，只有小变英噘着小嘴哭了起来。几个人轮番哄她，可越哄她越哭得厉害。延信知道，女儿是不舍得自己回到焦作。

　　刚过中午，延信便回到了焦作。他赶紧先到岳父的房里去看看，他知道从昨天到今天，岳父一定受了不少罪，因为岳母根本弄不动他的身体，要想换一次尿垫，不知要费多大力气呢。

　　岳父和岳母正在说着什么，见延信回来，立刻高兴地招呼他坐下。延信放下身上背着的东西，立刻把手伸到岳父的身子底下试了试，竟然干燥舒适，延信有点奇怪，抬头望着岳母，一副不解的样子。这时彦妞跑了进来，冲着延信喊：

　　"动了，动了，动了……"

见延信还在发愣，冯季花抑制不住兴奋："亮啊，你说怪不怪，昨天晚上你爹的腿竟然有了感觉，他说像蚂蚁爬过似的，我来给他换尿垫，他会撑着身子挪动一点了。你说，这是不是喜事啊！"

"真的？妈，这可真是天大的喜事呀！说明我爹的腿还有希望恢复，也说明我们这几年的按摩没有白费，医生说那叫啥……神经修复了……"

几个人高兴得像中了彩一样，谢兆玉更是激动，他还撑着身体挪动了几下，让延信看。

延信也给他们讲了回去改姓的事儿，讲了刘氏家族从争论到最后一致同意的过程，直感动得两位老人眼泪涟涟。

第二天，谢延信就到矿上劳资科说明了情况，还写了一个改名的申请，劳资科的人告诉他，其他手续正在办理。因为还有好多人呢，估计上班的时间要到后半年了。

延信回到家里，立即找了几块木料，做了一个半高的凳子。离上班时间还有两三个月，他要抓紧这一段时间，对岳父进行强化训练，说不定真能有奇迹出现，让岳父能够重新站起来呢。

每次锻炼，对翁婿两人来说，都是一件极苦的差事。常常是延信累得满头是汗，谢兆玉也将内衣都湿得挤出水来。这天，延信感觉到岳父的腿脚和手臂有点力量了，他便把木凳搬出来，让岳父两手扶住凳子，学着一点一点往前挪动。

谢兆玉是个有毅力的人，用上木凳之后，他便不让延信再在一边扶着他的肩膀，虽然有时也会摔倒，但每次走动的时间越来越长了，而且挪动的步子也越来越大了。

阴历的七月，矿上通知谢延信上班了，而这时的谢兆玉，已经可以独自拉着凳子，屋里屋外地"行走"了，老头子心情好了，还不时哼几句怀梆呢。

△ 谢延信陪着岳母和傻弟弟到院子里晒太阳

明天延信就要去上班了，谢兆玉心里高兴，便催着让延信去买一点羊肉，说想吃饺子了，晚上要包一顿饺子吃。延信心里明白，岳父是想给自己庆贺呢。他在买肉时另外打了二两白酒，他虽然知道岳父高血压不能喝酒，但老人过去挺爱喝酒的，能象征性地抿上两口，老人也一定会很高兴哩！

人逢喜事精神爽，这话说得一点都没错。对于此刻的谢兆玉一家来说，包饺子也成了一件快乐的事儿。碗筷、酒杯，还有欢声笑语融合在一起，那种气氛，比动听的音乐还能醉人。许多年了，谢家第一次又拥有了这种欢乐和幸福。

延信正式上班了。从此之后，谢延信这三个字正式写在了焦作矿务局朱村矿的职工名单上，他已经是焦作矿务局朱村矿的一名正式矿工了。

崭新的劳动布工作服，带着条纹的白毛巾，雪亮的矿灯，还有高腰的胶鞋。当这一切都穿戴在谢延信的身上时，这位 31 岁的普通汉子眼睛湿润了，回想起从兰娥去世到现在的将近九年时间，曾经经历的那些艰难与困苦仍然历历在目。

装载着几十名新工人的罐笼平稳地落在了矿井的底部。这里是大巷，一切都宽敞、规范而又整齐。当他们走近采掘工作面的时候，延信的心还是一下子就缩紧了。这里已经不再有规范整齐的洞壁、地面和顶棚了，而是一个似乎刚刚刨出来的坑穴。一阵炮声过后，工人们快速地冲到工作面上，大声吆喝着支护顶棚，防止松脱的煤块掉下来。然后就挥汗如雨地把炸药炸出的疏松的煤炭不顾一切地往传送带上送，直到炸掉的这一层煤炭装完为止。接着便重新打眼、放炮，开始下一个循环。

虽然只是在旁边观看，谢延信的心脏还是有点狂跳不止。自己这几年来什么重活儿累活儿都干过，但那是在蓝天阳光之下，而自己现在置身的地方，没有阳光，没有树木，没有飞鸟，没有一望无际的庄稼，没有除人以外的其他一切生命。甚至除了每个人头上有点点亮光在晃动之外，再没有任何的亮光。这对于像他这样初次下井的新工人来说，还是有点害怕的。

"大家认真观察，但不要害怕，我们是国营煤矿，所有的规范和要求都是经过几十年上百年的经验总结出来的。所以，只要大家在以后的工作中能够遵守纪律，按照规范办事，在井下工作也是非常安全的。"带班的班长显然很有经验，及时讲出了这番话。

"都是新来的啊，没事儿，下来几天就啥也不怕了，这井下虽然黑一点累一点，但我们挣的钱多，钱多就可以娶媳妇养孩子，哈哈。"老工人们也向他们打趣着。

接着，带班的班长又让他们仔细参观了放炮、支护、运输等各项工序，还给他们现场讲解了井下急救时的各种要求，第一次井下体验就这样结束了。

从百米井下再一次踏到坚实的地面上，延信的心中终于坚强起来，他想，既然命运给了自己这样的机遇，自己也一定会成为一名好矿工的。

困境中的阳光

➡ 收音机唱出快乐的歌

★★★★★

转眼之间，谢延信在井下工作已经一个月了。

他在掘二区当掘进工，具体负责掘进运料工作。延信是那种对工作特别认真的人，没几天时间，他踏实肯干的作风就赢得了工友们的认可。同来的几个工友知道了延信的情况后，纷纷劝他："你家里情况这么特殊，又是矿上照顾的，为啥不写个申请，要求在井上找个轻松点的工作？"

延信笑笑说："矿上已经够照顾咱了，咋还能提别的要求呢？我看在井下工作也不错，冬暖夏凉哩！"一句幽默的话，顿时逗得大家笑声一片。

在井下，延信是最好说话的人，因为井下工作种类繁多，轻重有些差异，所以每次分配活儿时，总有一些人心中不太乐意。只有延信，无论班长分配什么样的累活脏活，总是二话不说，拿起工具就开始干活。

掘进运料是井下最累最苦的活，常常要在顶板淋雨的情况下工作，每天衣服总是湿淋淋的，很多人都想方设法躲着干这活。只有延信，不等班长分配，就主动站到了工作面上。无论新工人还是老工人，每班到点前，大家总是提前十多分钟坐下来休息、聊天。唯有延信，一定要干到准点，有时候大家看到就剩下他一个人还在干活，就和他开玩笑："谢师傅，你怎么像个机器，就不能提前两分钟停下来喘口气，就那几分钟，能多出几斤煤？"

谢延信反而不好意思地说："矿上定了时间，就是让咱按时工作哩，咱提前歇了，这不是偷懒吗？"弄得大家总是一阵哄笑。

这天上井洗过澡，班长通知他去领工资。谢延信按捺不住激动的心情来到区队办公室，签名画押，他第一次领到了七张崭新的十元大票，延信反复数了好几遍，这才意识到，这是自己一个月的劳动所得。尽管以前也曾在砖窑和建筑工地拿过工资，可都是小工零工，哪能一次领到这么多钱呢？

走出区队办公室，延信看看天色还早，突然有了一个想法：自己是接了岳父的班才当上工人的，岳父现在虽然能下床走动了，可毕竟行动不便，自从自己上班后，给他读武打小说的时间也越来越少了。岳父早就希望能有一台半导体收音机，自己今天第一次发工资，何不满足一下老人的愿望呢？想到这里，他立刻揣好工资，大步走出矿区大门，向着市区的方向快步走去。

延信是吃晚饭的时候拿出这台小收音机的。收音机比较小巧，外壳黑白相间，岳父当然非常高兴，但还是埋怨他不该乱花这个钱，岳父一边爱不释手，一边问着延信："这得好几十块钱吧？样子怪漂亮哩。"

"三十多块钱，我跑了好几家商店，不算贵。"延信说。

"你没问他们，能收几个台？"

"能收好几十个台哩，除了外国台，中国的台都能收。"延信看着岳父高兴，自己心中也特别舒服，彦妞也跑过来摸摸前面，再摸摸后面，想拿过去稀罕一下，只是谢兆玉不敢给他，怕掉地上摔坏了。

冯季花一边往小饭桌上摆着筷子，一边也唠叨着延信："刚发一个月工资，就给你爹买这么贵重的东西，往后还不惯坏了他这个老头？"

"爹一辈子也没要过啥东西，现在有个这玩意儿，就不寂寞了。"延信接着岳母的话说。

"中，这回啥也不说了，以后再发工资，可不敢给我买啥礼物了，咱这一家人，还指着你的工资生活哩。"谢兆玉心中虽然高兴，但嘴上还是在说着延信。

"知道了爹，虽然我有工作了，但是加上你的病休工资，也不过一百块钱，你和俺妈还要吃药，我知道日子紧张，不会乱花钱的。"

一家人高高兴兴地吃着饭，收音机里一会儿歌曲、一会儿评书、一会儿豫剧地响个不停，炫耀似的展示着自己的才能，竭尽所能地为这一家人营造着欢乐的气氛。

好事有时也会接踵而来。父母又捎信过来，让延信抽时间尽快回去一趟，邻居又给他介绍了一个据说不错的对象。

延信不太想回去，他觉得一来影响工作，二来肯定还是白费工夫。以前家里也介绍过几个对象，人家一听说要背上谢家这个包袱，立刻就找借口回绝了。所以对于自己的婚姻，他早就有些心灰意冷了。

冯季花可不愿意了，见劝了几次劝不动，她带着火气对延信说："亮，你赶紧去请假，如果这一趟你不回去，我就不认你这个儿子！"

延信看到岳母真的生气了，红着脸说道："妈，你咋能这样说话呢，我不回去是因为我觉得希望太小，回家是浪费时间，咋能说是不听你话呢？"

"你连见都没有见，你咋知道人家同意不同意呢？亮啊，你都三十多岁了，成家的事儿不是小事情，也不是你一个人的事情，我们老两口，还有你的父母都在为你操着这份心哩。你一天不成家，长辈们一天就为你揪着心哩。"冯季花语重心长。

延信无话可说，他几乎是被岳母逼着到队里请了假，第二天便赶回了滑县老家。

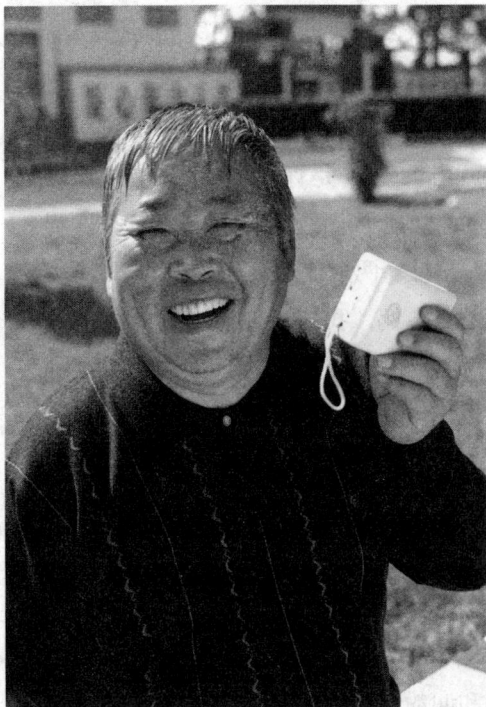

△ 笑对生活的谢延信

→ 幸福姗姗来迟

★★★★★

　　下车的时候，看到了卖西瓜的摊子，延信买了一个黑皮的大西瓜。虽然经济上比较困难，但延信每次回到父母这里，多少都还是要买点礼物。

　　看到儿子回来，父母格外高兴，没等坐稳，父亲就告诉他："是你二婶给你提的亲，女方叫谢粉香，是个很能干的女人，去年死了男人，一个人拉扯着两个孩子。"

　　"爹，妈，我知道你们一直为我操着心，叫我见面可以，不过对方要是叫我脱离了那头，那这事儿恐怕还是说不成。"延信还是有很多担心。

　　他们正说着话，变英放学回来了，看到爸爸回来，高兴得心花怒放。延信见女儿高兴，便立刻把西瓜切开，端到老人和小变英的跟前，几个人高高兴兴地吃西瓜。

　　和谢粉香的见面安排在第二天的上午，地点仍然是在二婶家。

延信来到二婶家的时候，二婶已经把屋里屋外打扫得干干净净,而且堂屋的小桌上,还摆上了花生瓜子,这在农村也是不常见的。

"亮啊，快坐下，二婶可告诉你，这个谢粉香啊，可是个利索人，地里家里都是把好手。只是男人走得有点早，撇下的孩子又小，想找个能撑门面的人。"二婶一边让延信坐下，一边给延信介绍着对方的情况。

"二婶，是不是在说我坏话哩，人家可是都听到了啊。"二婶和延信正说着话，谢粉香已经进来了，站在屋门外边，虽然还没好意思进来，但一句话就把二婶逗乐了。

"哎哟，我的好闺女呀，都几个孩子的妈了，还怕别人说几句坏话。"虽然错着辈分，但二婶和粉香，显然是非常熟悉了，即使当着延信的面，两个人的说笑也没有丝毫的顾忌。

"哦，对了，这就是刘延信，嗨，不对，现在是谢延信了，你们俩一个姓呢。二婶火上还坐着锅呢! 就不陪你们了啊，你们俩自己说话吧。"二婶嘴里说着，脚下已生风般地迈出堂屋，到东边的灶房里忙活去了。

延信看了一眼谢粉香，发现她也正在端详着自己，二目相对的一瞬间，延信赶紧把目光缩了回去。但就是这短暂的一瞥，延信已经对眼前的女人有了初步的认识。延信心想，这是个不简单的女人呢，一个人带着两个孩子还能把自己打扮得干净利索，那持家也一定是把好手。

其实在谢粉香的心里，她对眼前这个貌不惊人的男人已经了解不少了。在车村，很多人都知道谢延信义务照顾前妻一家的事儿，不少家庭在遇到儿孙不孝时，常常拿延信作为榜样。

一开始二婶给谢粉香介绍延信时，谢粉香也曾犹豫了很久，因为自己这边孩子多负担太重，很想找一个能够照顾自己分担生活的男人，谢延信显然办不到。可是，不知为什么，自己心里又常常想起这个被大家广泛议论的男人。她心想，一个能被大家不断提起，引作榜样的人，那他一定有不同寻常的一面，况且，这个男人对亡故的前妻一家都这么好，那么如果和他成了一家，他对自己和孩子们还会太差吗？

谢粉香就是带着这样一种心态来见谢延信的。现在再看看这位坐在跟前的男人，她大方地抬起头，主动地和延信说话："延信，村里人都在议论你哩！"

"议论我？议论我啥呀？"延信略略地抬了一下头。

"都说你是个好人，都在夸奖你呢，说你照顾了那一家人这么多年。"

"那，那算啥事呀，叫谁遇到了，都会这样做的。"延信有点不好意思。

"十年了，真是太难为你了。你看那个家，瘫的、病的、傻的，换了别人，听着就害怕。"谢粉香仍然没有离开这个话题。

"那你害怕吗？粉香？"

谢粉香一愣，她没想到这个男人还挺聪明的，一下子就把一个核心的难题抛到了自己面前。既可考验自己，又是一种试探。

"我应该不会害怕的，只要我不怕吃苦，诚心对待每一个人，别人总不会为难我吧？"谢粉香诚实地说。

"那，粉香，假如你……你要跟我成家，这负担恐怕会很重哩。"延信十分坦诚地说。

"这我事先都知道，我就是看你这个人很实诚，才同意来见你的。"说出这句话，谢粉香也不自然地低下了头，毕竟自己是个女人，当面夸奖一个男人，那便是在表明自己的态度了。

他们正说着话，二婶进来了。

"怎么样，我没有打搅你们吧，都这半天了，也该谈得差不多了吧。都不是大闺女小伙子了，行与不行，你们俩都表个态吧，我还等着给你们开饭哩。"二婶的性格，从来都是直截了当。

　　谢粉香接着说："我没啥意见，延信那边，你还是问他自己吧。"

　　"亮，你是个男人，你也给二婶表个态，你对粉香满意吗？"二婶面对着延信问。

　　"满意……满意！二婶，只要粉香不嫌我就行。"延信连二婶都不敢看，他比粉香还不好意思。

　　"那好，这事儿就算定了，延信回来一次不容易，你们就就选个时间把事儿办了吧。记住，到时

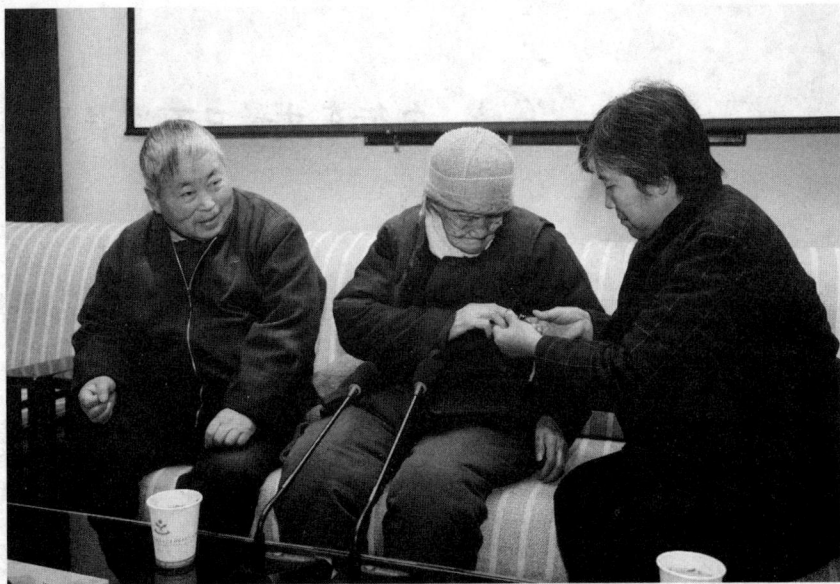

△ 谢粉香为冯季花剪指甲

候别忘了谢我这个媒人就行了。"

三天后，他们俩举办了简单的婚礼。

结婚前，他们两个人比较担心的是两家的孩子能不能在一起相处融洽，甚至为此分别给孩子们做了一些工作。但让他们没有想到的是，孩子们很快就玩在了一起，好得难舍难分。延信原本还想让变英跟着母亲过的，看到这个情景，他便和粉香商量，干脆也让变英和粉香家的三个孩子生活到一起。家的感觉几乎在一夜之间，又升腾在延信的心中，看来，老天并不总是折磨人，有时，也会给人送来意想不到的幸福。

→ 自行车丈量三百里长路

★★★★★

朱村矿西沟工人村谢兆玉家门口，谢兆玉正坐在屋外的躺椅上听收音机。冯季花端了一杯水出来，提醒丈夫吃药。这一年多时间，也许是家里的事情顺利多了，老太太的身体也明显硬朗了许多，简单的家务也能做了。冯季花搬了小凳子，坐在丈夫的身边，正在和丈夫说着延信的事儿，话音没落，就听见彦妞在高兴地叫着："亮哥，亮哥……"

谢兆玉扭头看去，果然，延信拎着一个大包回来了，看那包的分量，一定又带了不少农村的粮食和特产。

延信没有进屋，首先来到岳父岳母面前，高兴地讲着自己这次回去的经过。

听到延信已经结了婚，老两口高兴得合不拢嘴，一个劲地说："这下好了，这下可好了，再不用我们老人发愁了。"

谈到粉香过一段要来这里帮助拆洗被褥，冯季花更是乐得合不拢嘴。

老两口又问些孩子们和家里的事，看看天色渐晚，延信便背上岳父，一家人回屋准备吃饭去了。

转眼又是一年过去了。

已经是初冬。谢粉香想，到了该去一次朱村矿的时候了，因为自己答应过要去帮着那里的公婆拆洗被褥的。

于是，她第一次来到了想象中的焦作矿务局朱村矿。这是丈夫工作的地方，也可以说是自己的另一个家。

尽管延信知道妻子要来，但看到谢粉香的一刹那，还是有些克制不住的惊喜。

谢兆玉和冯季花是第一次见到自己女婿的媳妇，当然老两口是把粉香当成自己的儿媳妇来看待的。他们热情有加，忙着倒水递茶，谢粉香也一边和老人打招呼，一边询问他们的身体如何。很快地，她就把自己融入到这个大家庭中了。

冯季花忙着给粉香做饭，被延信挡了过去，粉香赶紧跑过去抢了延信手中的菜刀，带着笑意瞪了他一眼："老能呀你？我就不信，你比我做的饭好吃？"延信红着脸摸了摸脑袋："不敢，不敢，肯定没有。"冯季花和谢兆玉在一边看着，都笑了。

晚饭的时候，彦妞和粉香不熟，总是疑惑地看着谢粉香。粉香倒也大方，忙着给他盛饭，还挑几根好一点的菜给他夹到碗里。其实，外人也许不了解，彦妞是最知道好歹的，他知道谁对他好。没多大一会儿，彦妞就和谢粉香熟悉起来。

晚上，谢兆玉到了另外一间屋子，让这对夫妻俩独自待在一起。

几个月不见的夫妻俩坐在床上有着说不完的话。

那一夜，夫妻俩感受了久违的温存，一直到很晚很晚。

第二天一天干下来，谢粉香才真正知道了延信这些年的不容易。别说延信是个男人了，就是自己这个以手脚麻利著称的女人，这一天也不过干了一小半的活儿。这么多年来，延信光是每年冬春两季的拆洗被褥，就要花费多大的精力呀。好在以后有了家了，自己多少可以替他分担一些了。

谢粉香在这里住了五天，两间小房子有了焕然一新的感觉。毕竟是一个精力充沛的女人，她细心地把每一处都收拾得周到妥帖，使得谢兆玉两口子笑得合不拢嘴，一个劲地夸赞着媳妇能干。

焦作市最终还是没有逛成，谢粉香便急着赶回去了，她是不放心家里的三个孩子。

送粉香到车站的路上，延信拿出了五十块钱塞在了粉香的衣兜里，谢粉香含泪默默地收下了，两个人紧紧地拉着手，直到车子启动的那一刻。

时光，就在忙忙碌碌中向前不停地推进着。

岳父又患上了慢性肝炎，每个月要增加三十块钱的自费药。这些天，延信沉重地感觉到，家里的状况似乎越来越不好了，每个月的工资都是这头望不到那头。

尽管他们尽力地去节省，但救命的药还是不能不吃，岳父岳母必需的营养也得保证。于是，延信开始更加苛刻地对待自己。一双解放鞋，他穿了六年多，一件白衬衣，已经补得面目全非了。除了坚持不购买任何衣物之外，在刚刚过去的这个寒冷的冬天里，谢延信还发明了自己的"专利"，他在农村里收过的萝卜地里拣些散落的萝卜缨，在红薯地里拾一些还有些青意的红薯叶，再挖一些野菜，拣一些菜市场丢弃的菜帮子，然后找来许多罐头瓶子，分门别类地把这些菜装进去，用盐腌制出了十几种咸菜。他给这些菜起了个好听的名字，叫作"八宝咸菜"。"八宝咸菜"陪伴了谢延信整整一个冬天，为他省下的，不过几十元钱，但这几十元钱，对于延信来说，却是极其重要的。

阳光照在车村一处新划的宅基地上，十几个工人在热火朝天地砌墙垒房。谢粉香正在里里外外地忙碌着，新房已经盖起了一米多高了，给延信已

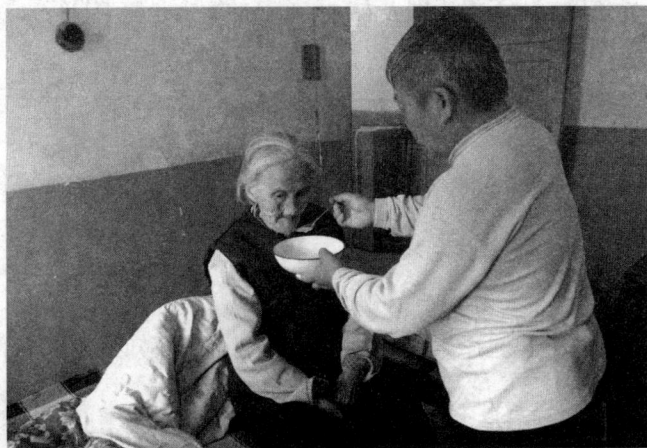

△ 谢延信给岳母喂药

捎了两回信了，还是不见回来，谢粉香心里的委屈又在翻腾着：延信呀，平时你要照顾老人和傻弟弟，我也就不指望你，可孩子们都大了，家里实在住不下了，盖房是大事呀，你总得回来支撑一下这种场面吧，哪怕是露个面呢。

谢粉香还是不死心，觉得延信一定会回来的。她正要抬头向远处张望，一个满身灰土的人影骑着自行车，停到了她的跟前。

谢粉香有点吃惊，那人影竟然是自己的丈夫。

"延信，你这是咋了呀？"谢粉香一时没明白眼前是怎么回事，她赶紧帮着延信把已经有点僵硬的腿从车架上挪了下来。

延信喘了一口气，声音大了一点："我，我骑车回来了呀！"

"啥？三百多里路，你、你骑车回来的？"谢粉香怎么也不能相信。

是啊，延信是骑车回来的，他借了一辆自行车，骑了三百二十里路赶回到家里。

谢粉香有点动容，但她忍住了，毕竟有这么多的外人在眼前。她赶紧把车子接过来放到一边，想了想，干脆推进了院子墙边一处无人走动的空旮旯角里，她不想让别人看到，自己的丈夫是骑着自行车从焦作回来的。然后才转回身来，扶着延信走进了小屋。

延信走到床边，一歪身便倒了上去，懒懒地伸展开手臂。谢粉香看着延信，又急又气："三百多里路呢，你可真敢，骑个自行车就回来了！"

延信喘了几口气，笑着说："没事儿，我就是骑得急了点，要不不会这么累的。"

"累？你骑得再慢也是个累呀！三百多里路，你就不知道去坐个长途车？"

"那不是还得花三块多钱吗？来回六七块，是我干两天的工资!"延信还是憨厚地笑着。

从焦作到滑县老家，一大半是乡间土路，坑坑洼洼。自己的丈夫竟然骑着自行车回到了家里。粉香的心里，真的是又爱又疼。她想数落延信几句，可看看丈夫疲累的样子，更是于心不忍。

延信挣扎着从床上坐起来，伸手从怀里掏出了一个皱巴巴的手绢包，打开来："粉香，我那里也实在是没钱了，只凑了二百多块，你看，家里盖房子，我……我也帮不上你的忙，唉——。"

谢粉香心头一阵热流，眼睛忍不住眨动起来，她想控制住泪水，不让延信看见，但还是没有成功。一滴眼泪落下来，滴落在手中那卷皱皱巴巴的钱上……

➡ 不能倒下的老谢

★★★★★

谢兆玉的病开始恶化了，肝硬化的症状已经十分明显，咽炎也常常折磨得老人连吃饭都感到十分困难，由于脑部的病变，癫痫病也时常发生，每次身不由己地抽搐，都会让谢兆玉痛苦得大汗淋漓。

延信找了队领导，把自己的上班时间全都调到了夜里。一连几天，他上井后就拖着一夜无眠的疲惫身体，拉着谢兆玉到处寻访老中医，终于寻到了几个很有效果的药方。按时煎药服药，陪老人说话聊天，谢兆玉的病情又一次得到了有效的控制，只是家里的中药买得都快比粮食多了。

尽管进行着积极的治疗，但岳父的身体还是每况愈下。于是，他除了坚持上夜班之外，每天白天，更加周到地伺候着岳父，他给岳父制订了十分规范的日程表，把晒太阳、吃饭、服药、锻炼、按摩的时间都固定下来，而自己，仿佛已经成了专业的护士，每时每刻都守候在岳父的身边。

十一年的辛苦与操劳，十一年的日夜守候，终于在谢延信的身上打下了深深的烙印。

从 1990 年开始，谢延信开始发现自己不时地头晕脑涨，站立不稳。这天，他正在井下给矿车挂钩，突然眼前一黑，晕倒在矿车旁。工友们吃了一惊，一边叫喊着他，一边使劲按压他的人中，几分钟后，延信才醒了过来，工友们报告了班长，班长非要送他到矿职工医院检查一下。

医生的诊断让谢延信大吃一惊，他患上了严重的高血压病。谢延信求医生替他保密，一定不要让岳父岳母知道他的病情。医生要求他按时吃药，静养休息，还要每天吃一些醋泡花生。可是，肩扛着这样的一家子，他能够静养休息吗？

矿医院的医生悄悄地找到矿领导，汇报了谢延信的病情，矿领导研究后决定，把谢延信调到井上的瓦斯泵房工作。矿领导还找他谈了话，告诉他矿上也是考虑到他的实际情况，才决定这样安排的，希望他一定要注意自己的身体。

但谢延信却食言了，他根本没有吃药治疗。就连醋泡花生对于他来说，也有点奢侈，他想了想，索性泡了一点从老家带来的黑豆，从此把吃黑豆当成了自己特别的治疗方式。延信太为难了，两个老人的药费已经够他操心的了，现在再加上自己，他实在是吃不起这个药啊！

其实延信也不是不在乎自己的身体，自从那天昏倒以后，他也不断找机会查找治疗高血压的资料，但都是寻找一些偏方和民间的验方。他去山上拣过柿子树叶，也采过野山楂，甚至还用野酸枣煮水喝。只要是不花钱的方法，他都要试试看，但花钱买药的决心，他实在是下不了。也不知是醋泡黑豆起了作用，还是他的土单验方产生了效果，要不就是瓦斯泵房的工作相对下井来说，没有那么大的心理压力，反正在一段时间内，延信的身体没再出过更大的问题。

不过，延信患病的消息最终还是让谢兆玉和冯季花知道了。两个人商量后决定，要和延信严肃地谈一谈，他们要让延信明白，他这个女婿的健康，也连着两家人的平安呢。

看到延信在面前坐下来，冯季花有点动容：

"亮啊，这事儿你不该瞒着我们呀！"

"没、没有啊！妈，我啥事儿瞒着你们了？"延信尽量装着无辜的样子。

谢兆玉接过话说："啥？你的病！得病了也不告诉我们，你这孩子，叫我们咋说你呢！"

延信听了，这才明白是怎么回事，笑着说："没啥哩，我这不是好好的吗？"

谢兆玉严肃地说："得了病就要去医院，我当年也是因为高血压，自认为身体还好，能扛得住，这不最后还是发病了，成了现在这个样子，要是早一点开始留意，也许不会这样严重的。"

"爹，我真的没有啥的，就是血压有一点高，医生说年龄大了，都会这样的。"延信轻描淡写地说。

"医生没有让你吃药？得了高血压，就要每天吃药的，这样才能不往下发展。"冯季花还是十分疑惑。

"人家医生交代，这种病单方的治疗效果好，你们没有看见，我这些天老吃醋泡黑豆，还有柿子树叶、醋枣仁，效果好着呢。"延信说得似乎十分有理。

多年来，谢兆玉和冯季花也都用过不少的民间验方，所以他们对中医的治疗，多少有些信服，见延信这样说，以为事实真是这样，于是便不再追问，只是一再嘱咐延信，要看好自己的身体，因为他一人的健康，连着两家人呢。

而延信自己，仍然坚持着醋泡黑豆这种自认为最为经济的治疗方法。他觉得，老天不会那么糊涂，会明白自己的心思的。

→ 女儿的眼睛

★★★★★

    变英已经 18 岁了，是家里懂事的大姑娘了。爸爸很少回来看望她这个女儿，变英虽然有时候也觉得有些委屈和自怜，但她懂得，父亲的一生都是为了别人在活着。所以，变英不仅没有跟父亲提过什么要求，而且自己对生活的要求也放得很低，在穿戴上也极尽朴素，身上的衣服多数打着补丁。家里地里，变英早就独当一面了。

    前几天奶奶的身体不太好，一直在三叔家里住着。

    这天晚饭后，变英看看没啥事儿可做了，便和妈妈打了招呼，说到三叔家看望奶奶。

    大街上，一群孩子在嬉笑打闹，还不时扔出一些土块石块，来投掷对方。

    不幸的事情在一瞬间发生了，一粒飞速而来的石子儿重重地打在她的右眼上。变英"啊"地一声惊叫，只觉得眼睛一阵热辣辣地疼，身子几乎站立不稳，变英用双手捂住右眼，一股温热的液体不断往外涌着。

"砸到人了，快跑啊。"那些玩耍的孩子一见闯了祸，立即一哄而散。还是一个过路的邻居看见了她，赶忙将她送回了家里。

这是一场意外的不幸，谢粉香没敢停留，立即把变英送到村里的医疗所包扎，虽然伤口不大，出血也不算太多，但村里的杜医生还是建议她们："明天到乡医院看看吧，这是眼睛，可不敢落下啥毛病。"

谢粉香不敢马虎，第二天一早，便借了辆自行车把变英带到了乡里的医院。挂号，检查，一直折腾了半个多小时，接诊的医生一脸凝重地告诉她："患者视网膜受到创伤，咱乡医院设备简陋，恐怕得到大医院去诊断和治疗了。"

这真是屋漏偏逢连阴雨，回到家里，谢粉香一边叹息着，一边准备东西，并且嘱咐邻居，让他们帮助照看家里的两个孩子。

当眼睛缠着绷带的女儿突然出现在自己面前时，延信大吃了一惊，他连忙扶着女儿的肩膀问道：

"变英，你这是咋了呀？"

"爸，我的眼睛被人砸伤了。"话未出口，变英便扑到父亲的怀里，委屈地哭了起来。

谢延信不敢怠慢，立刻带着变英来到矿务局医院门诊部。

不到二十分钟，医生的检查结果就出来了。是眼底损伤，需要住院治疗，病人不是矿上职工，至少要交三千块钱的住院费。

谢延信的头一下子就懵了。三千块钱，简直是个天文数字，此刻，自己连三百块钱也是拿不出来的呀。可是，眼前站着的，毕竟是自己受伤的女儿呀。她才只有 18 岁，花朵一样的年龄。

延信不甘心，他再一次找到医生，央求道：

"医生，我带的钱不够，能不能少缴一点呀？"

"你能缴多少？"医生问。

"我……我只有二百多块钱。"延信嗫嚅着说。

"二百块钱？老同志，你女儿是眼底损伤，整个治疗下来，至少得上万块钱，你还是回去想办法筹钱吧。"

上万元？这简直就像一颗炸弹，炸掉了延信心中残存的一丝丝希望，自己上哪儿去筹集这天文数字一般的治疗费用啊！

跑到走廊的尽头，谢延信痛哭失声，他的心中犹如刀割一般。在这一刻，还有什么比眼睁睁地看着女儿遭受苦难而无能为力更痛苦的事情呢？自己该如何向女儿去交代呢？

谢延信眼睛呆直地想了半天，实在想不出任何一种能减轻女儿心中痛苦的办法，他知道离开这个医院，就等于放弃了所有的希望，就等于宣判了他是女儿的罪人。一种可怕的阴影魔鬼一样向他袭来，延信害怕极了，他将要跌入万劫不复备受折磨的心灵的地狱。他拉紧了女儿和妻子，一声不吭，逃也似的离开了医院。

谢粉香还想说些什么，但延信用绝望的泪眼制止了她。

被父亲拉着走出医院的那一刻，刘变英的心中就明白了，她知道，自己的眼睛没有什么希望了，她低着头，一句话也没有追问父亲，只是默默地跟着父亲往回走。泪水缓缓地从面颊上流了下来，变英没有克制，没有擦拭，就让它流吧，让它奔涌吧，让泪水彻底淹没这只没有希望的眼睛吧。

三个人就这样回到了矿上的家中，谁都不说一句话。谢兆玉和冯季花询问，他们只是说已经买了药了，回家吃一段时间就能恢复的。

两位老人半信半疑，面对缄口无言的三个人，他们已经隐隐感到了事情的严重和不可挽回。

晚上，延信带着女儿来到了那一片油菜田边，四周寂静得只有秋虫的啾鸣，月亮隐入云层，只有淡淡的苍白光影。

"妞，你恨爹吗？"延信痛苦而低沉地问道。

"爸，我觉得老天爷并不是时时刻刻都睁着眼睛的。否则，它怎么不对我好点呢？"变英流露的是一种消极和绝望的语气。

"变英，老天的确对你不公平。这些年，你受了很多别的孩子没有受过的苦，好不容易熬到18岁，眼看就要开始一种属于你自己的新的生活了，却又遇到了这样的事情。孩子，是爹对不起你，爹没有能力保住你的眼睛，你应该恨爹，爹这一辈子最对不起的人就是你啊！"

延信突然转过身去，双手捂着眼睛，低声地抽泣起来。

变英也哭了。她原本对父亲没能为她治病还是有一些不满情绪的，可是一听到父亲低沉而绝望的哭声，她的心一下子就软了下来。变英轻轻地靠在父亲的肩上："爸，我理解你，也敬佩你，我知道，没有几个人能做到你这样的善良和尽责，尽管我心里也难受，也觉得委屈，但是我知道，爸，你是一个好人，是一个天下少见的好人。"

这是一番感天动地的话语，就像滔滔的心海中投进一颗巨大的石块，延信再也控制不住了，他抱着女儿，失声痛哭，两个人泪滴落在草叶上、土地中，又慢慢地融汇在了一起。

带着遗憾，也带着最后的坦然，刘变英回到了滑县老家，虽然她的右眼很快就没有了视力，但变英的那颗纯洁的心，却越来越明亮了，这，是不是被父亲的大爱和真情擦亮了呢？

→ 特殊的嫁妆

★★★★★

1994 年的农历腊月二十八，是女儿刘变英结婚的日子。谢延信准备回家参加女儿的婚礼。他正在准备东西，听到冯季花在叫他。

"妈，啥事儿啊？"延信赶紧来到了岳母面前。岳母叫他坐下来，说："亮啊，我这里还私下攒着三百块钱，原本是想应急用的，你就拿上吧，去给妞买几样东西。"冯季花打开手中包了几层的布包，那里面有一卷票面不一的纸币。

"妈，这可不行，闺女的事情我有安排，你这一点钱，我绝对不能花。"延信望着岳母的眼神，十分坚决地拒绝。

"咋，就算没你这个当爹的，我这个亲姥姥还不能给闺女添点东西？"冯季花有点生气。

"妈，闺女出嫁要量力而行。咱不宽裕，就不要充这个大方，勉强花这些钱，能有啥好处呢？"延信依然反对。

"啥？小亮啊，你咋能这样说话呢？你不

给孩子添置嫁妆也罢，咋还能这样说我呢？"冯季花显然十分生气。

"妈，你要这样说，就是亮的不是啦，我不是怪妈不对，我是怕您和爹再有啥急用啊。"延信恳求着岳母。

"你这孩子咋这样固执，我知道咱家困难，都是我和你爹拖累的呀。可是变英一辈子就办这一次事，你就不能让我们老两口也尽一点心？"冯季花老泪纵横。

延信也流泪了："妈，我也对不起变英，因为没钱治疗，孩子的右眼啥也看不见了，为这事儿，我都不敢想起变英。可是，这三百块钱你若给了变英，也不能保她富贵一生，如果放在您的手里，关键时候还能够救命。不是我不懂情理，而是咱们要让孩子们懂得人生的大道理呀。"

冯季花再无话可说，他只有在心里感叹着：老天给了自己太多的不幸，但却让自己遇上了延信这个坚强善良的女婿，真是上天的赏赐啊！

变英结婚的前一天下午，延信回到了车村的老家，看到家里人都在忙前忙后，延信把女儿叫到了跟前：

"变英，你明天就要出嫁了，嫁过去就是一个家庭的主人了，不光要开始为自己负责，还要担负起一个家的责任呢。"

"嗯，我知道爸，你一定有话要对我说，不管什么话，女儿都会认真记在心上的。"20岁的变英，已经是一个善解人意的大姑娘了。

"你粉香妈妈给你准备了简单的嫁妆，可是爸什么也没有给你准备。俗话说：好女不争嫁妆衣，你不会埋怨爸不近情理吧？"延信的眼神有些低沉。

"爸，你说啥呢，女儿知道你在焦作过得不容易，一分钱都要掰成两半花，咋会能争这个呢。"变英赶紧安慰父亲。

"爸还想送你两件礼物，就算是爸给你的嫁妆吧！"

"爸，不论是啥礼物，只要是你给的，女儿都会好好保存，一辈子珍藏着它。"变英已经觉得，父亲给自己的，一定是不同寻常的礼物。

"送你一本织毛衣的书，是我在旧书摊上花五毛钱买的。你喜欢织毛衣，那就多看看书，学一门好手艺，一针一线踏踏实实地编织你未来的生活。"说着，延信把一本已经有些破损的旧书递给了女儿。

"嗯，我记住了爸，女儿谢谢您。"变英已经落泪了。

"还有我写给你的两段话，就在你手中的书页上。孩子，我念给你听啊。"延信看着女儿，眼睛微抬，一字一句地背诵道："黄连虽苦，饮后舌根下却有甜的回味；糖精水是甜的，使用过度则变成苦水。这充分表明，有苦方有甜，甜与苦相连，甘愿常吃苦，方能长久甜。"他顿了顿，看了一眼面前的女儿，女儿正仰望着他，泪眼朦胧，静静地倾听着。延信抬手擦了擦自己的眼睛，接着往下念：

"另一段是民间的谚语：节约是幸福之本，浪费是贫困之苗；生产好比摇钱树，节约好似聚宝盆；克勤克俭粮满仓，大手大脚仓底光；艰苦奋斗记心上，勤俭节约细水长。"

延信背完了这两段箴言，一时什么也不说了，两个人周围静得能听见彼此的呼吸。此刻在变英的心里，似乎已经是心潮难平了。是啊，父亲没有给自己嫁妆，但他带来的，却是一个人活在世界上最难得的品格，是做人的本分，又是修身立命的准则。

"爸，我明白了，一个人纵有千金万银，总有花完的时候，但是，如若有了高尚的情操与品格，那才是一辈子用之不完的财富。"变英感动地望着父亲。

"变英，爸对你的所有祝愿都包含在这本书里边了，希望你能一辈子都记住。"

是啊，没人见过一个父亲送给女儿一本旧书作为嫁妆，可这是一个父亲的爱，是天底下最诚挚最无声的大爱呀！

"爸，女儿记住了，女儿收下您最贵重的嫁妆，一定要把它好好珍藏在身边……"

这一刻，变英懂了，懂得了真正的人生，懂得了世间真正伟大的父爱，懂得了一个平凡父亲的心。她不由得跪在地上，给父亲磕了一个一辈子永远难忘的响头。

感动中国

➔ 岳父离世

★★★★★

　　女儿的婚事刚刚结束，谢延信就接到了焦作来的电话。谢兆玉的病情突然加重了，有了腹水，同时还出现了肝昏迷，这是肝硬化的晚期症状，还没等女儿回门，心急如焚的谢延信便急急忙忙回到了焦作。

　　岳父的腹部肿胀，处在浅昏迷状态。岳母正坐在床前，一边掉着眼泪，一边拉着他的手轻声地安慰着。

　　"爹，我来晚了。"延信一进门，就跑到谢兆玉的床前，脸上全是歉意。

　　"亮，你事儿还没办完，就把你叫回来了，你看你爹……我们对不住你呀……"冯季花一看延信回来了，反而哭了起来。

　　"妈，咱别耽搁了，赶紧把我爸送到医院吧！"谢延信转向冯季花，征求她的意见。冯季花没有点头也没有摇头。

　　"亮啊，你爹这病……怕是熬到时候了，也没啥……治头了，现在住院都改自费了，咱实在没钱，我看这次就不住院吧，人到最后还是要听天由命，别花那个冤枉钱了。"冯季花心疼延信，她不想让女婿再受难。

"妈，你咋这么糊涂呢? 这有病了就要治，你看我爸都病成什么样子了，再不送医院去，咱会后悔一辈子的。"延信说完，扭头走出了家门。他一连跑了好几个工友的家，借来了一千元钱，然后打电话叫来了救护车，再一次将岳父送到了矿务局中央医院。

延信带着自己的醋泡黑豆，又一次守候在医院里。

医生们看到又是延信送来了他的岳父，心中很是感动。他们没有多说什么，立刻开始抢救，抽出了腹水，排出毒素，又一次救醒了病人。

延信又一次把岳父的生命从死亡线上拉了回来。

病房里，清醒过来的谢兆玉拉着延信的手，用十分虚弱的声音对他说：

"孩子，我真没想到，你会这样重情义。我本来和你娘商量好，不再治了，可你……你又……"两行眼泪，从谢兆玉的脸上滚落，那泪水浓浓的，里面融入了多少情感，有谁能检测得出来呀!

"爹，您说得不对呀! 你是我爹啊，无论家里有多困难，哪有儿子不救爹的命呢?"延信看着岳父诚恳地说。此刻，两双眼睛对望在一起，两颗心都在经历着同一种感动，渐渐融化在一片朦胧之中。

一周之后，谢兆玉再次出院了，但这次出院，他已经虚弱得下不了床了。延信一方面要上班，一方面还要拖着自己的病体，照顾两个失去自理能力的老人，他又一次去找到领导，要求把自己上班的时间全部调到夜里，以便在白天腾出时间，更好地照顾岳父。

岳父似乎已到了最后的时刻，每天腹部疼得死去活来，不住地叫喊着延信和妻子。

好不容易等到岳父睡着了，延信悄悄地关上灯，正想退出来，突然，他感到自己的头也有些发麻了，他知道，自己的血压又升高了，这一段时间太紧张了，现在是紧要关头，自己千万不能倒下呀！

他赶忙拉过那把岳父常坐的躺椅，本想躺下休息一会儿，可还没等挪到椅子跟前，已经眼前一黑，重重地摔在了地上。就像身子落入无底的深渊一样，延信仿佛感到，自己进入了一个松软黑暗的世界，他反反复复地挣扎，仿佛都没有效果，只好拼命地喊叫起来……

岳父听不到他的声音，但彦妞听到了，冯季花也听到了，彦妞拉着冯季花赶忙跑到这边的房间里，看到延信倒在了椅子旁，一时也惊慌失措。冯季花俯下身来，托起延信的头："亮，小亮啊，你咋了啊？"她的声音带着哭腔。

延信仿佛又抓到了什么东西，又听到一个熟悉的声音在呼唤他，他觉得有了点力量。他用力睁开眼睛，见是岳母在喊他，突然意识到：自己千万不能让岳母看出病情，否则，这个家又该一片混乱了。

延信用力撑起身子："妈，怪我不小心，一下就绊倒了，这不，没事了，你放心吧妈。"

"真的不要紧？"冯季花将信将疑。

"没事的，你看？"延信咬着牙站了起来。

冯季花悄悄地坐在了谢延信的跟前，她倒了一杯水，递到延信的手里。

谢兆玉竟在彦妞的念叨中再次醒了过来。他的眼珠转了几下，看看周围，看到妻子、儿子和女婿延信，似乎有点诧异。

谢兆玉挣扎着坐起来，一把抓住彦妞的手，彦妞却好像突然被吓着了一样，挣脱着，想往后退缩。

"他爹……"

"爹……"

冯季花和谢延信同时喊着他。

谢兆玉想说什么，可张着嘴却发不出声音，两行热泪慢慢地溢出眼眶，滑过瘦削的脸颊，滴落下来。

"他爹，你想说什么呀，你说话呀……"冯季花哭了，她知道，丈夫这次真的要走了，他睁开眼睛时，也许已经用尽了生命里最后的力量，他还想说什么，但他的确没有力量再发出声音了。

"爹，爹……我扶您起来，您想说啥就说啥吧，我们都在您身边呢。"谢延信转身坐到床头，伸出两条胳膊，把岳父的头抱在自己的怀中。

谢兆玉的嘴还在一张一合，延信知道，岳父的心里话还没有说出来，他把自己的头低下来，把耳朵凑到岳父的嘴边，仔细地辨听着谢兆玉发出的每一点声音。

事实上，那只是一点混合着体温的喘息声，但延信还是觉得自己听懂了。他点着头，贴近岳父的耳朵："爹，我明白了，您是不放心俺妈和彦妞，这些年来，您也看到了，俺一定能照顾好妈和弟弟的。只要俺有一口饭吃，就不会让妈和弟弟饿着。我工作，妈和弟弟跟着我，我要是退休了，就把妈和弟弟带到老家生活。爹，您看这样行吗？"

老人的喉结蠕动着，

△ 岳父的骨灰盒就放在家中，谢延信经常点上香烛祭奠岳父

喘息也粗重了，两行热泪又一次流出深陷的眼窝，慢慢地凝成泪痕。眼中透出一种依恋和感激，安详地走了，就这样停靠在延信的怀抱里……

岳父的遗体火化后，原本是想选一块墓地或放置在殡仪馆的骨灰堂里的。但延信实在拿不出那几百元的骨灰存放费，只好把老人的骨灰放在了家里。

八月的天空正在酝酿着一场新雨，雷声由远而近，谢家那几平方米的小屋里，谢兆玉的骨灰盒静静地放置在那里，犹如面带笑意的老人。

延信住院

☆☆☆☆☆

油菜花开了一年又一年，南飞的大雁飞去又飞回。

西沟社区家属院里，夜幕尚未开启。没有鸡鸣，也没有闹钟每天的唤醒和提示，早上六点钟，延信已经准时穿衣起床了，他怕惊醒岳母，轻手轻脚地来到厨房，打开火炉，放上水壶，然后到门外去舒展一下有些酸麻的身体。脑中风的后遗症还在无时无刻地折磨着他。

远处的天际已经由白变成了粉红色。身上已经活动得微微有些发热了，延信返回屋里，开始每天恒久不变的程序。

"妈，起来吧，我把你的衣服已经在火上烤热了。"延信先来到冯季花屋里招呼岳母，并把已经在煤火上烤热的衣服放到岳母手边。

"彦妞，你也起来，起来我帮你洗脸。"延信一边说着，一边开始帮彦妞穿衣服。

厨房里好像有面汤扑出锅沿的声音，不好，开锅了，延信赶紧跑过去，也许是跑得急了点，掀开锅盖的时候，延信突然觉得一阵眩晕，"哐"地一声，锅盖掉在了地上，身体则倚着锅台软软地倒在了地上，而此时延信的意识，仿佛从身体内轻轻地飘到了体外，他觉得一阵前所未有的轻松。

怎么半天没有声音，按照往常的情况，延信早就过来帮自己叠被子，倒尿盆，忙着整理屋里的东西了，今天这是咋的了? 冯季花心中疑惑，赶紧穿好衣服，想到厨房看一看。

这一看惊得冯季花差点站立不住。只见延信歪倒在地上，口中吐着带血的泡沫，已经不省人事了。

"亮啊，小亮……"

冯季花挣扎着不让自己倒下，她呼唤了几声，见延信一点反应都没有，顿时明白：女婿出事了，自己家的天要塌了。

"起来，快起来，救命呀……"

冯季花不顾一切地冲出门外，急切地拍打着邻居的家门。

周围的邻居都被惊醒了，大家一边不知所措地围在延信身边，一边打电话叫救护车。

救护车风驰电掣般驶来，医生跳下车来，迅速给延信输上了氧气和液体，将延信抬上救护车，准备拉到医院进行抢救。

　　突然，清醒过来的冯季花发疯似的冲过来，紧紧地拉住车门的把手，说啥也不让救护车开走。邻居们赶紧走过来，想把冯季花劝回去，可谁也没有想到，这个重病多年、骨瘦如柴的老人，竟有这么大的力量，任凭人们怎样用力，却掰不开她紧抓车门的那两只手。

　　"不行，你们不能带走小亮，亮，你不能走啊……"

　　老人几乎是绝望地哭喊着，她已经分不清这是幻觉还是现实，但有一点老人明白，延信不能走，延信一走，天就塌了，这个家就散了。三十年了，是女婿坚强地扛着这个家，是女婿为他们一天又一天辛苦地操劳，是女婿为这个家庭遮风避雨。女婿走了，自己还有什么呢? 谁来支撑这个家呢? 自己和儿子还能活下去吗?

　　医生没有想到，救命的车子却以这样一种方式被拦下了。的确，病人的情况很危险，每耽误一分钟，都会直接影响到抢救的效果，真的一分钟也不能再耽误了。在这种时候，最清醒的只能是医生，他急中生智，告诉司机立刻打开警灯，自己又迅速下车，来到冯季花面前:

　　"老人家，您想让您儿子活还是死?"

　　警灯打开的时候，冯季花已经一愣，瞬间清醒了许多，现在突然听到医生用这样的口气说话，更是心惊肉跳，仿佛一下就掉进了冰窟窿里，浑身打了个冷战，她直愣愣地看着医生，惊得一句话都说不出来。

　　"如果您是为您儿子好，想让我们尽快救活他的话，您就赶紧放手，医院那边等着抢救呢!"

　　冯季花这才听明白了，是啊，自己这样拦着，那么医生们还怎样救治自己的女婿呢? 自己这不是昏了头、老糊涂了吗? 于是她赶紧放开了手,双手合十,开始向老天祈祷:老天爷,我求求你,求求你了,可千万保佑我的小亮,别出啥事啊……

救护车绝尘而去,留下了呆呆地望着前方的冯季花……

听到谢延信住院的消息,妻子谢粉香和女儿刘变英也不顾一切地赶了过来。

母女俩在延信的身边守了两天两夜,谁都不愿意去休息,她们用棉球给延信擦拭嘴唇,用毛巾为他擦净皮肤,她们细心地给他喂水喂药,她们要让这个一辈子都在照顾别人、为他人付出的男人享受到被人照顾的那种幸福,她们还要让亲情成为最神奇的力量,来唤醒自己的亲人。

第三天的早上,谢延信终于睁开了眼睛,他看到了周围的一片白色,还有晃动着的朦胧的身影。

妻子和女儿高兴得热泪盈眶,她们高兴地呼唤着:

"延信,你醒来了?"

"爸,您终于闯过来了,这下可好了。"

延信看到了守在床前的妻子和女儿,他拉着她们的手,嘴唇动了半天,说出了第一句话:

"我咋在这里? 妈和彦妞咋样了?"

"你在医院里呀,妈和弟弟都好着哩,妈还想来看你呢。"粉香赶紧告诉他。

"爸,你都昏睡了两天了,都快把我们急死了。"变英揉着眼睛说。

"唉! 我就怕来住院,还是住在这里了,这得花多少钱呀!"延信叹着气。

医生走了进来,告诉他们病人刚刚醒来,要尽量少和他说话。

待在家里的冯季花急得吃不下饭，睡不着觉，尽管邻居们都不时来看望她劝慰她，但冯季花始终一言不发，伴随着她的，只有一声又一声的叹息。彦妞似乎也像是知道了什么，一动不动地坐着，也不到外边闲跑了，还不时噙着眼泪"亮哥，亮哥……"地叫着他。

冯季花心里非常沉重，延信是自己和儿子唯一的依靠，就像一座山一堵墙，现在这堵墙要倒下了，以后，谁来支撑自己和这个家呢？

"姥姥，我爸让我回来照顾你们了。"

多么熟悉的声音啊，这是谁？这不是自己的外孙女变英吗？是她，是她啊，自己的依靠来了，自己啥也不用怕了……

"变英，我的好孙女啊！"冯季花抢前几步，紧紧地抱住孙女，一时老泪纵横、泣不成声……

变英向姥姥讲了父亲的病情，也讲了父亲对她和舅舅的担忧，还说了父亲催着她回来照顾姥姥的事情。冯季花的心中更加感动了，她想不出来天下还会不会有比延信更好的女婿了。

顽强的人总是拥有顽强的生命力，谢延信恢复得很快，一周后，就能够下床活动了。看看自己没有落下什么残疾，谢延信开始缠着医生出院了。医生实在无奈，只好同意他出院。

十来天没见到延信，冯季花的心中每天就像无数双手在抓挠着，心神不定。每一个白天黑夜都那么漫长，尽管有变英来回奔波，传递着消息，但冯季花仍是将信将疑，她甚至要求孙女带她到医院看看延信，看一看她说的话是不是真的。三四月的天，外面还有些阴冷，变英当然不愿意姥姥出去，老人生气得连饭都吃不下去了，变英只好耐心地劝说：

"姥姥，我爸说了，这一两天就出院了，要是还不出院，我一

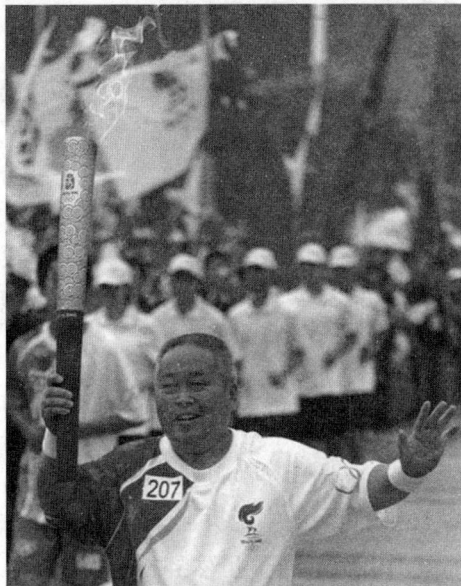
△ 谢延信传递奥运火炬

定带您去医院好不好？"

"妈，妈，我回来了。"门外传来了延信的声音。

冯季花简直不敢相信自己的耳朵，是亮的声音，是亮回来了。老太太赶紧迎过去，看见粉香扶着延信走过来，立时高兴得语无伦次："亮啊，你真的出院了，刚刚我还说变英哄我哩，想不到你真的出院了，出院了好，你的病好利索了吗？"

"都好了呢，妈，你再不用操心了，医生都让我出院了，你还不放心吗？"延信一边坐到床上，一边回答着岳母。

由于刚刚出院，延信还十分虚弱，他围着被子坐在床上，彦妞也过来围着他转，这个家又重新充满了欢乐。

然而，延信还是为他的提前出院付出了代价，在接下来的几个月时间内，他又先后两次因为脑血管意外住进医院。第三次出院之后，谢延信落下了失忆、健忘、口齿不清、握不紧东西等诸多的后遗症。好在有了粉香的照顾，延信度过了他一生中唯一的一段饭来张口、衣来伸手的日子。在延信的生命里，也许只有住院的时候，才是他生命的驿站，他才能感觉到人生还有可以停足的时候。

→ 老谢家的土暖气

★★★★★

2003 年的岁尾，朱村矿改制为鑫珠春工业公司。西沟工人村也开始实施拆迁改造。原先这两间 9 平方米的小房子，虽然拥挤不便，但既无房租，又没有其他水电方面的负担。对于像延信这样的贫困家庭而言，是一个不错的选择。可眼下，公司的整体规划出来了，要拆建新的住宅楼，因为社会发展了，人们的生活水平提高了，需要建设更多的住房来改善职工的住房条件。

其实延信也知道，二十多年了，矿上在尽力照顾着他们一家的生活，不仅是在住房上，就是在日常的生活上，矿上也没少给他们家解决问题。面对着这张拆迁通知单，延信当然不能再说什么，而且，以他的性格，当然也不会提出任何要求。尽管有不少邻居和工友们劝说他："你们家是矿上公认的特困户，还是集团公司的帮扶对象，提一点要求也是正当的。"但延信却说：

"我们家困难的时候，矿上给我们安排住房，又让我顶替接班，后来身体不行了，又把我调到井上工作，况且这些年逢年过节，矿上也没少照顾我们，人，不能没有良心啊！我咋还能向公家开口呢？"

可是，眼前的困难是，他们究竟搬到哪里去呢？

一家人正在发愁的时候，鑫珠春公司的主要领导经过研究后，又一次向他们伸出了温暖的手。公司决定，以一万元的价格，给他们解决一套二室一厅的单元房，并且安排在二楼。

谢延信在老家筹了一些，又在工友那里暂借了一些，终于买下这套属于自己的单元房，搬家那天，虽然东西不多，但是欢乐却显得格外的多。不光邻居们都来帮忙，就连彦妞也跑来跑去地想插手干活。

朝阳的那一间大一点的房子，延信主动安排给了岳母住，当然，彦妞也和母亲一起，住在那个大房间里。阴面那一间，延信放了张大床，因为平时除了自己住在这里外，粉香来了，也得有休息的地方，虽然家里的几张床和桌子都是矿上送给自己的老家具，但拼放在一起，还是非常实用的。

冯季花做梦也没有想到，自己这一辈子还能住上这样连解手都不用出门的单元房，她在屋里走来走去，掩饰不住满心的欢喜，而彦妞则更是屋里屋外、楼上楼下，一刻不停地跑来跑去，嘴里不停地喊着："家，家，新家……"

终于有个像样的家了，晚上，谢延信躺在床上，憧憬着今后的生活，他想到了兰娥，想到了岳父，唉，要是他们都能健康地活着该有多好啊。

延信又考虑着眼前，还有哪些事情没做呢？突然他打了冷战，正是寒冬腊月，屋里确实有点冷，他想到了岳母，岳母年龄越来越大了，眼看都80岁了，能有什么办法让老人度过这严冬呢？以前是烧着煤火，可岳母这两年对煤气味越来越敏感了，再烧煤火，怕加重老人的病情。

对了，去年不是帮邻居家安装过土暖气吗？两个屋子一千多块钱，要是只往岳母的屋里安一组呢？不是才七百多元，虽然家里已经没啥钱了，但还是再找工友们借一点吧，老人的身体要紧啊！

延信是个想到就要做到的人，第二天上午，他就找到工友们去借钱。

冯季花屋里的暖气很快就装好了，尽管她再三劝说，希望延信的屋里也装上一套，但延信一直笑哈哈地说："妈，我还年轻，咋能用那东西哩。"冯季花知道，延信这是在找借口，他是实在不忍心再多花几百块钱呀！

延信还在隔壁的房间里忙着试气，他让岳母在房间里守着，看这暖气是不是真的能很快热起来。

"热了，热了，这暖气热了。"

冯季花一边高兴地自语着，一边新奇地抚摸着散发着温暖气息的暖气片，在她的记忆里，自己还从来没有这样心情舒畅过。虽然一生中的大部分时间，都在面对着各种各样的灾难。但是，自己的女婿延信却总是及时地给自己送来一颗诚挚的心。上天给了自己艰难，也给自己送来了天下少有的孝子延信，这辈子，该知足了。

彦妞也高兴得手舞足蹈，转来转去上上下下地看着这个新奇的东西，他不知道这个东西为什么会发热，但他知道，是亮哥让这个屋里温暖起来了。

→ 爱心交接

☆☆☆☆☆

2004 年的春节快要到了，焦作的城里城外已开始有了年的气氛了。这几年这座城市发展很快，地处郊区的鑫珠春工业公司已经到了城市的边缘，因此，这里的节日也便跟着热闹了许多。过年是千家欢乐、万户团聚的时刻，是中国人最重视的节日，往年无论经济上多么困难，谢延信都会想方设法让这个特殊的家里尽量多一些节日气氛。今年的春节，谢延信已觉得和往年有了本质的不同，他不再是一个人守着岳父岳母过节了，因为粉香来到了他的身边，正因如此，这个春节也开始有了更多的温情，延信也有了被人爱着的感觉。

明天就是除夕了，谢粉香催着延信早点休息，明天还有许多的事情要干呢。虽然延信没有早睡的习惯，但今天晚上，他突然有了一种从未有过的冲动，觉得有很多的话想和妻子说说，于是，他第一次早早地上了床。

粉香给他掖好被子，延信轻轻揽住妻子，

有些动情，也有些凝重：

"粉香，这些年，让你跟着我受罪了。"

"说啥哩延信，咱们是一家人，还能分出你我呀！"

"我是说，跟我结婚，也没让你过上多好的日子，还摊上这么多的事情，净让你跟着受罪。"

"你是实诚人，你做的事情是敬、是孝，我永远都支持你。"

"可是，我的身体已经一天不如一天了，要是真的有个意外，这一家人还是没法生活呀！"

"延信，你咋光想到你自己，就没有想到背后还有我，还有咱的几个孩子呢。"谢粉香往延信的身边靠了靠，深情地说。

"粉香，我不是没想过你们，是怕连累你们呀，我自己没啥能耐，没让你们过上好日子，咋还能让你们跟着我额外受罪呢？"延信也十分真诚。

"啥是夫妻，啥是家呀？家就是我们共同在一条小船上同甘共苦，丢下了哪个人，我们都不会忍心的。延信你相信我，相信咱们的孩子吧，不管你将来有啥意外，我们都会把你没做完的事做到底。"

"粉香，谢谢你了，是你让我的心中踏实了下来，从今天起，我就把岳母和弟弟托付给你了，我在一天，由我来照顾，我要走了这个累就由你来受了。老天爷，谢谢你给了我一个好妻子！"延信的脸上，已经挂满了泪水，这个实诚的汉子，又一次被实实在在地感动了。

"延信，快别这样说了，老人是你的老人，也是我的老人，你尽管放心，要是你干不动了，我一定会替你接着来照应他们的。"粉香不由得依紧了延信。

"还有，明天去打电话，叫孩子们初三都到这里来过，我们俩要和他们郑重地谈谈，这个接力棒，要好好地传给他们哩。"

"好，明天我一定打电话，变英，站民，变霞，叫他们都来。"

"这我就放心了。"

延信的心中，仿佛一块沉重的石头落了地，几个月来他一直担心着自己的身体，不是为了自己，而是担心岳母和彦妞的将来，现在，有了妻子粉香，还有他们的几个孩子，他还有啥不放心的呢? 延信一脸安详，一脸笑意，很快就睡着了……

这一夜，是谢延信有生以来睡得最安稳的一夜，因为有了粉香，还因为有了能够接班的孩子们。

除夕这一天，延信家热热闹闹，忙忙碌碌，冯季花的精神格外地好，一直在帮助粉香包饺子蒸馍，彦妞屋里屋外地乐着，能干的粉香担心延信的身体还没有完全康复，啥都不让他插手，可延信坐不住，谢粉香就强行把他按在椅子上，让他专心看电视。

早几天，女儿变英来过一趟，给他送来了一台 14 英寸的黑白电视机，虽然只是一台别人用过的旧电视，但在延信的家里，它带给每个人的，似乎已不仅仅是丰富多彩的节目，而是一种生活的满足和象征。

傍晚时分，春节联欢晚会已经热热闹闹地开始了，电视机里的欢声笑语感染着全国人民，也感染着河南省焦作市焦煤集团鑫珠春工业公司西沟工人村里的一个特殊的家庭，这是一个充满爱心的家庭，也是一个充满真情的家庭，更是一个承载着中华民族千年美德的家庭。

谢延信、谢粉香、冯季花围坐在一起，一边观看晚会，一边包着饺子，傻弟弟彦妞也洗干净了两只手，在一旁高高兴兴地玩着擀出的几张面皮。

窗外的鞭炮声响了，彦妞开始手舞足蹈起来，不住地朝着延信叫着："亮哥，过年，放炮，放炮……"

谢延信笑了："彦妞，想放炮了？"

"嗯，放炮，放炮好……"

"好，那亮哥就带你出去放炮。妈，粉香，你们也站到窗口看着，看着我和彦妞放炮。"延信的心中由衷地兴奋。

"我们也跟你俩一起出去。"冯季花和谢粉香显得格外高兴，谢粉香扶起这个特殊的'婆婆'。跟在他俩后边，一步一步地走下楼去。

一片火光，一串喜庆，爆竹点燃了，开出绚丽的火花，在夜空中舞蹈、欢笑，延信举着长长的竹竿，那竹竿上挑着长长的欢乐，长长的希望。彦妞跑着跳着，尽释着生命中的天真，冯季花和谢粉香心花怒放、笑容灿烂。

鞭炮、歌乐，还有欢声笑语，都定格在这火红的夜色中……

→ 感动中国

☆☆☆☆☆

早在 1997 年的时候，谢延信孝老爱亲的事迹就被当地报纸报道过。谢延信也因此成为焦煤集团的敬老模范。2006 年，在"寻找感动中国十大矿工"活动中，在胡锦涛总书记"八荣八耻社会主义道德观"的社会理念下，谢延信成为媒体关注的焦点……

2006 年 8 月，《人民日报》以"一诺至孝三十载"为题，刊登了谢延信用爱心、善心和耐心演绎令人动容的大孝至爱的事迹，河南省委书记、省人大常委会主任徐光春看到报道后批示：读了这篇报道，心灵受到极大震撼，大孝至爱的谢延信，以其崇高的道德境界解释了做人的真谛，是我们学习的榜样，全省媒体要广为宣传。

是金子总会发出耀眼的光芒。2007 年 1 月，全国几乎所有报刊的记者齐聚焦作，对谢延信的感人事迹进行集中采访。在谢延信简陋的小屋里，记者们感受到了他的那份伟大；在同家庭成员、邻居、同事的采访中，感受到了他的那份崇高；在与谢延信的谈话中，感受到了那份平凡。

2007 年 1 月 23 日，徐光春接见了谢延信，期间，他四次握住谢延信的手，感谢他和他的家人为大家提供了学习的榜样，并代表省委、省政府向他和他的家人表示亲切的慰问和崇高的敬意。

采访谢延信的记者们被感动了，这些平时总是冷静面对各种人物和事件的媒体工作者纷纷掏出自己的钱递给谢延信，表达崇敬之意。谢延信拒绝了，但收下了他们的心意和祝福。记者们感慨地说："老谢是平凡的，正因为如此，他才是真正的平民英雄。"

在焦作市委组织的"谢延信先进事迹报告会"上，来自市直机关的公务员都被谢延信的事迹感动了，唏嘘之声充满了整个会场。

新华社、《人民日报》、中央电视台、《工人日报》、《中国煤炭报》和全国各地的主流电视、报纸、网站都大篇幅地报道了谢延信的事迹。谢延信的名字频繁出现在全国所有的网站上，跟帖的几天内就达数百万条。人们用最美的语言、最真挚的情感来歌颂谢延信，赞颂他创造的这一宝贵的精神财富。

在河南省组织的"十大敬老楷模"评选中，评委会破例授予谢延信"十大敬老楷模特别奖"；在河南省文明委等七家组织的"中原孝贤"评选中，谢延信再度入选。

2月4日、5日、6日这三天，用谢延信的话来说是他"一生中最幸福的日子"。应几家中央新闻单位记者的邀请，谢延信第一次走出河南，第一次坐火车，第一次到北京……

在开往北京的火车上，谢延信一夜没有入睡，车一停下来，他不顾旅途的劳顿，就提议去天安门广场。来到天安门城楼前，仰视高悬的毛主席画像，谢延信久久没有说话，晶莹的泪花强忍在眼中。足足凝视五分钟后，他向着毛主席像深深鞠了个躬。站在天安门城楼上，记者指着眼前的景物向谢延信介绍：那是人民大会堂，那是毛主席纪念堂，那是国家博物馆……谢延信全神贯注地听着，快乐得像个孩子。

走下天安门城楼，记者问谢延信有什么感受，他憨厚淳朴地笑着回答："感觉太好了，这一切，我做梦也没有想到过。"

在之后的一段时间内，谢延信先后荣获河南省敬老楷模特别奖、全国五一劳动奖章，河南省"十大道德楷模"、"寻找感动中国的矿工——十大杰出人物"、"中华孝亲爱老之星"。

2007年9月18日，谢延信被评为第一届"全国道德模范"，受到胡锦涛等中央领导同志的亲切接见。

2007年10月，以谢延信为原型的电视连续剧《好人谢延信》在中央电视台黄金时段播出。

2008年2月17日，谢延信又被评为2007年度"感动中国十大人物"。

在"感动中国十大人物"的颁奖仪式上，感动中国组委用简短的颁奖词对谢延信的大孝至爱做了精彩的总结：

当命运的暴风雨袭来时，他横竖不说一句话，生活的重担压在肩膀上，他的头却从没有低下！用33年辛劳，延展爱心，信守承诺。他就像一匹老马，没有驰骋千里，却一步一步地到达了善良的峰顶。

后 记

用谢延信的事迹教育人

认识谢延信完全是一种偶然的缘分。2006年的初夏，焦作市成立青年摄影家协会，我有幸被选为这个协会的主席。学会成立时得到了当时的焦煤集团鑫珠春工业公司董事长张长明同志的帮助，在鑫珠春公司召开成立大会。会议的间隙，我因为记者的身份，自然问起了公司有没有新闻线索，宣传科长赵国堂给我讲起了谢延信的情况，我当时就要求赵国堂陪我去采访。见到谢延信之后，我很快就被他的故事打动了，脑子中萌生了想写一部纪实小说的想法。但迟迟不敢动笔。一是有朋友告诫我：小说是文学作品，谢延信是一种道德形象的化身，在虚实问题上，实在不容易把握，太实没人看，太虚又怕扭曲了人物形象。弄不好，白费力气不说，还可能引起一些不必要的争议和麻烦；二是写一部长篇小说不是三五天一蹴而就的事，咋说也要两三个月，而这两三个月的假期是无论如何也不好想办法弄到的。

转瞬间，时间又过了两三个月。在这两三个月的时间中，我的创作欲望越来越迫切，甚至到了夜不能寐的地步。谢延信的形象总在我的眼前晃动，让我觉得，这是时代送给我们焦作文化人的一个机会，如果错过，将会终生遗憾的。在这样的一种思维和情绪中，我下定决心给报社领导打了一份报告，说明了写作这部书的必要性和我的一些具体的想法，希望能够得到领导的支持。没想到，这份报告很快就得到了报社领导的鼎力支持。杨法育总编亲自批示，安排我放下其他工作，专心进行写作。

之后，我先后数次来到鑫珠春公司和谢延信的老家滑县半坡店乡车村采访，深入细致地挖掘了许多鲜为人知的第一手材料。经过几天的构思，我定下了以基本事实为主线，结合适当的艺术手法，创作一部纪实体的长篇小说的创作思路。并于 11 月 13 日开始动笔写作，12 月 18 日完成了第一稿。接下来的三个月中，谢延信的名字迅速响彻中华大地，中宣部组织了主流媒体采访团来到焦作进行为期一周的全面采访。全国所有媒体都不惜版面报道谢延信的事迹。我因为写作谢延信的长篇小说也成了采访团采访的对象。

长篇小说完稿后，很快引起了各方面的重视。时任河南省委书记的徐光春同志为小说题写了书名，省委宣传部长孔玉芳同志为小说作序。随后，小说又被中央电视台改编为 20 集电视连续剧，并在 2007 年"十一"期间在央视黄金档播出。我本人也因此被调离焦作日报社，到市文化局任专业作家，可谓创造了我人生中的一个小小的辉煌。

2012 年初，吉林文史出版社邀我撰写谢延信的传记，虽然只有六万字，但是由于我在北京参与一部电视剧的创作，一直拖到 12 月份，才不得不抽出十多天时间静下来进行这部传记的创作。好在总算在最后的期限交稿了，虽然诚惶诚恐，也算舒了口气。

在《谢延信》的传记里，我们看到了一个有血有肉、平凡而伟大的谢延信。笔者用写实的手法，讲述了发生在谢延信身上的一个又一个让人动情让人落泪的真情故事，也塑造了一个多姿多彩的人物群落。在这个群落中，无论是主人公谢延信，还是他的岳父、岳母、妻子、女儿、哥哥、弟弟等，都散发着人性的光彩，在引导我们走入真情故事营造的那个感情世界的同时，也在潜移默化地教育着我们身边的每一个人：珍惜真情，勇于奉献，诚实守信，善良一生。

学习谢延信的意义在于弘扬我们民族所需要的一种诚信守孝的精神，在于用谢延信的故事打动人，用谢延信的事迹教育人，从而在全社会形成一种良好的道德风尚，虽然我们处在媒体众多的时代，我们可以读报纸、看电视，但我们同样不能忽略传记文学的艺术感染力，因为传记文学是现代文明的基石，也是我们社会主义精神文明的重要组成部分。

从这个角度来说，这本传记是很有意义的。

/100位

新中国成立以来感动中国人物/

丁晓兵　马万水　马永顺　马恒昌　马海德　中国女排五连冠群体

孔祥瑞　孔繁森　文花枝　方永刚　方红霄　毛岸英

王　杰　王　选　王　瑛　王乐义　王有德　王启民

王进喜　王顺友　邓平寿　邓建军　邓稼先　丛　飞

包起帆　史光柱　史来贺　叶　欣　甘远志　申纪兰

白芳礼　任长霞　刘文学　刘英俊　华罗庚　向秀丽

廷·巴特尔　许振超　达吾提·阿西木　邢燕子　吴大观

吴仁宝　吴天祥　吴金印　吴登云　宋鱼水　张　华

张云泉　张秉贵　张海迪　时传祥　李四光　李春燕

李桂林和陆建芬夫妇　李素芝　李梦桃　李登海　杨利伟

杨怀远　杨根思　苏　宁　谷文昌　邰丽华　邱少云

邱光华　邱娥国　陈景润　麦贤得　孟　泰　孟二冬

林　浩　林巧稚　林秀贞　欧阳海　罗映珍　罗健夫

罗盛教　草原英雄小姐妹　赵梦桃　钟南山　唐山十三农民

容国团　徐　虎　秦文贵　袁隆平　钱学森　常香玉

黄继光　彭加木　焦裕禄　蒋筑英　谢延信　韩素云

窦铁成　赖　宁　雷　锋　谭　彦　谭千秋　谭竹青

樊锦诗

图书在版编目（CIP）数据

谢延信 / 范光著. -- 长春 ：吉林文史出版社，
2012.12（2024.5重印）
（100位新中国成立以来感动中国人物）
ISBN 978-7-5472-1397-1

Ⅰ. ①谢… Ⅱ. ①范… Ⅲ. ①谢延信－生平事迹－青
年读物②谢延信－生平事迹－少年读物 Ⅳ.
①K828.1-49

中国版本图书馆CIP数据核字(2013)第001710号

谢延信

XIEYANXIN

著/ 范光

选题策划/ 王尔立　责任编辑/ 王尔立 李洁华 任玉茗

装帧设计/ 韩璘

出版发行/ 吉林文史出版社

地址/ 长春市福祉大路5788号　邮编/ 130118

电话/ 0431-81629363　传真/ 0431-86037589

印刷/ 天津海德伟业印务有限公司

版次/ 2012年12月第1版 2024年5月第5次印刷

开本/ 640mm×920mm　1/16

印张/ 9 字数/ 100千

书号/ ISBN 978-7-5472-1397-1

定价/ 29.80元